Lutz Bertram
Huhu, liebes Radiovolk!

Lutz Bertram

# Huhu, liebes Radiovolk!

## Audienz beim Frühstücksdirektor

Ch. Links Verlag
Berlin

Die Deutsche Bibliothek – CIP-Einheitsaufnahme
**Bertram, Lutz:**
Huhu, liebes Radiovolk! : Audienz beim Frühstücksdirektor /
Lutz Bertram. – Berlin : Links, 1994
ISBN 3-86153-077-5

1. Auflage, September 1994

Zehdenicker Straße 1, 10119 Berlin, Telefon: (030) 281 61 71
Reihenentwurf: TriDesign, Berlin
Satz: LVD GmbH, Berlin
Schrift: New Century Schoolbook
Druck- und Bindearbeiten: Wagner GmbH, Nördlingen
ISBN: 3-86153-077-5

# Inhaltsverzeichnis

# In der Feuilletonschleife des Ressentiments

Christa Wolf
Schriftstellerin
28. Januar 1993

*Die Hamburger Nachrichtenmühle dreht sich vernehmlich, und im Nu hat Christa Wolf einen Januskopf, dessen dunkle und abgewandte Seite mit* Spiegels *Hilfe endgültig ins rechte IM-Format kommt. Das, was uns die Schriftstellerin einstens war, gilt danach nicht mehr.*

*Macht es für Sie, und also guten Morgen, Christa Wolf in Kalifornien, überhaupt noch Sinn, eine Auseinandersetzung zu führen? Sie ist doch politisch instrumentalisiert, sie zielt doch auf Vorteil.*

Diese Auseinandersetzung hat erst angefangen, wir müssen sie führen. Wenn an dem Beispiel Heiner Müller und mir jetzt der Versuch, diese Auseinandersetzung zu entdämonisieren und zu versachlichen, scheitert, dann allerdings wird die »Vergangenheitsbewältigung« der Leute, die in der DDR gelebt haben, nur noch auf Stasi-Ebene weitergeführt, und dann werde ich mich an ihr nicht mehr beteiligen.

*Dafür hat ja die* FAZ *sofort die berühmte Feuilletonschleife des Ressentiments: Die sagen, Sie haben sich nur offenbart, weil Sie wußten, die* FAZ *schlägt demnächst erbarmungslos zu.*

Also ich will Ihnen mal was sagen:

Die *FAZ*-Berichterstattung hat natürlich diese Schleifen, die Sie eben nennen, auch. Andererseits ist sie korrekter, was die Akte betrifft, als der *Spiegel*, der ja nur völlig böswillig und willkürlich aus der Akte zitiert.

Ich kenne ja selbst diese Akte nicht. Die Gauck-Behörde hat folgende Regel:

Man kann seine »Opferakten« sehen, in Anführungszeichen. Ich bezeichne mich nicht als Opfer, man kann diese Akten sehen, das sind bei mir zweiundvierzig Bände, also mehrere Meter. Daneben gab es – was ich aus diesen »Opferakten« erfuhr – einen Vorgang, in dem ich unter »IM« geführt wurde. Ich habe darum gebeten, diesen Vorgang zu sehen. Die entsprechende Dame dort hat mir gesagt, daß sie mir diesen Vorgang nicht zeigen darf. Sie hat ihn mir dann heimlich gezeigt, es war ein schmaler Akt. Ich habe einen Teil davon, wie ich jetzt merke, vielleicht zehn, fünfzehn Minuten lang durchblättern können, keine Kopien davon machen können, nichts. Ich habe diese Frau bis jetzt nicht benannt, weil ich sie schützen wollte. Jetzt habe ich erfahren, daß sie gestorben ist. So kann ich diesen Hergang, wie er war, jetzt schildern.

*Sie haben ja sicher gehört, daß berufene Intellektuelle in Deutschland gesagt haben, damit kippt das ganze Œuvre der Dame.*

Ich höre auch ganz andere Dinge. Ich muß mich jetzt fragen, ob es dabei bleiben soll, bei dieser unheiligen Allianz zwischen der alten Stasi und ihrer Hinterlassenschaft und dem rasenden Bedürfnis, die Geschichte der DDR und aller, die in ihr gelebt haben, besonders der Intellektuellen, nicht zu analysieren, sondern zu dämonisieren. Und dazu die Allianz zwischen der deutschen Aktengläubigkeit und der Profilierungssucht und dem Jagdfieber großer Zeitungen und ihrer Feuilletons, also für meinen Begriff ein amenschliches Verhalten, in dem die Person, um die es geht, gar nicht mehr in Betracht gezogen wird. Wenn das weiter im Vordergrund bleibt, dann allerdings sehe ich gar keine Möglichkeit, eine vernünftige Auseinandersetzung darüber in Gang zu bringen.

Ich kann mir nur mit Schaudern vorstellen, daß nicht nur die letzten neun Jahre meiner sogenannten »Opferakten«, sondern alle vernichtet wären, wie ja der Befehl gelautet haben muß. Und das hätte ja auch passieren können. Gott sei Dank haben die Leute, die im Archiv saßen, im Stasi-Archiv, wo die »Opferakten« der ersten zehn Jahre von mir sind, diese Akten nicht vernichtet. Also habe ich sie.

Hätte ich diese zweiundvierzig Bände von 1968 bis 1980 nicht, dann würden emsig suchende Redaktionen nur diesen einen alten IM-Vorgang von 1959 finden – und dann wäre ich allerdings wirklich vernichtet.

Ich könnte, da ja nur Partei- und Stasi-Akten gelten,

niemals beweisen, daß ich oppositionell gedacht und gehandelt habe. Die Bücher, die man geschrieben hat, werden ja überhaupt nicht mehr in Betracht gezogen.

*Haben wir's nicht alle als Ossis irgendwo verratzt? Ist der Zug nicht abgefahren? Hätten wir's nicht unter uns in einer politischen Situation vor dem 3. Oktober 1990 lösen müssen?*

Ja, wissen Sie, das ist nun eine Frage, die man sehr genau überlegen und länger diskutieren müßte. Aber wenn wir uns jetzt damit abfinden, daß nichts mehr geht und daß wir sozusagen ausgegrenzt bleiben, und die Besiegten, und daß man nur über uns urteilt und sich nicht mit uns an einen Tisch setzt und mit uns spricht, dann ist diese Wiedervereinigung gescheitert. Das hätte dann ungeheure und katastrophale Folgen. Ich glaube für ganz Europa.

*Genügen Sie dem, was Sie da verlangen, denn eigentlich selbst? In einem Moment, wo Sie im Getty-Center for the History of Arts and the Humanities in Santa Monica recht hübsch und warm sitzen? Ist das ein bißchen Weggelaufen oder ist das, damit Sie die größere Optik und die Ruhe kriegen?*

Die Frage ist nun wieder sehr interessant. Westdeutsche Schriftsteller können sich hinbegeben, wohin sie wollen und so lange sie wollen. Sie können Häuser in der Toscana haben und dort jahrelang wohnen. Kein Mensch wird auf die Idee kommen, daß sie sich entziehen oder daß sie Deutschland »den Rücken kehren«. Ich habe diese Einladung angenommen, die für ein dreiviertel Jahr gilt und mir die Möglichkeit gibt, einmal wieder ein wenig zu schreiben, was ich ja drei Jahre lang nicht konnte. Sofort kommt die Frage auf, ob ich mich etwa ins Exil begebe, ob ich etwa Deutschland nicht mehr wahrnehme, und so weiter. Also es ist ... Da kann ich nur sagen, es tut mir leid, die Frage ist einfach absurd.

*Die Amerikaner haben ja zu all diesen Dingen und mal gerade zu Deutschland eine ganz eigene Sehweise. Die ist viel entspannter. Was sagen die denn? Haben Sie Freunde, mit denen Sie darüber reden können in Kalifornien?*

Oh ja. Da tritt was Eigentümliches ein; stellen Sie sich vor, Sie gehen bei einer Schriftstellerin von ihren Büchern aus! Das gibt's hier. Und die sagen, sie können überhaupt nicht verstehen, daß in Deutschland die Medien nicht die Bücher wenigstens auch dazunehmen; mal reingucken und sich fragen, wann und unter welchen Umständen die geschrieben sind und was denn da eigentlich drinsteht. Ob da irgend etwas von Opportunismus auch nur ansatzweise zu spüren ist.

# Enthüllungen, die die Welt erschüttern

Konrad Kujau
Fälscher der Hitler-Tagebücher
22. April 1993

*»Jubiläen feiern mit Lutz – aber welche?« – eine unserer Lieblingsrubriken, Sie wissen dies. Ich habe was für Sie. Heute vor zehn Jahren hat das Magazin* stern *herausgefunden und kundgetan, daß Hitler-Tagebücher, einstens mal verschollen, bei ihnen in der Redaktion nun endlich wieder aufgetaucht sind. Daran muß man sich erinnern, wenn man wie ich seine Lieblingsfeinde endlich mal zu Fall bringen will.*

*Guten Morgen, Konrad Kujau, ich suche noch ein bißchen entwaffnendes Material aus Stasi-Akten gegen meine Feinde. Können Sie mir behilflich sein?*

Guten Morgen. Selbstverständlich! Schreiben Sie mir, was Sie wollen, und dann mach' ich's.

*Ich suche darüber hinaus auch noch einen Stammbaum, der meine Familie in einen direkten Zusammenhang mit Karl Marx bringt. Geht das auch?*

Das geht alles! Alles!

*Was kost' mich denn der Spaß bei Ihnen?*

Ach, das kommt darauf an. Sollte Ihnen halb Brandenburg gehören, mit einer Urkunde vor dem Dreißigjährigen Krieg, also vor 1618, wird's teuer.

*Ich merke auch gerade, ich bediene mich mit Marx schlecht. Der war ja 'n armes Luder. Wahrscheinlich ist mir 'ne Linie zum Großen Kurfürsten doch näher.*

Richtig. Hätte der Kerl lieber ans Kapital gedacht, als es zu schreiben, dann wär's besser gewesen.

*Um den Spott brauchte sich ja niemand scheren, aber mindestens ist doch mal im nachhinein klar, daß die beim* stern *die Oberdussels waren? Die Gier hat doch den Hirnkasten total vernebelt. Sie können es ja viel besser, als Sie es bei Adolfs Tagebüchern abgelegt haben. Viel Mühe mußten Sie sich für den* stern *ja nicht geben, nicht wahr?*

Nein, ich muß Ihnen nur eins sagen: Die *stern*-Leute waren gar nicht so bedusselt. Bedusselt waren bloß die Experten. Die Experten in der Schweiz, in England, in Amerika, die absolut die Echtheit dieser Tagebücher bestätigt haben und dafür noch riesige Honorare kassierten. Das Landeskriminalamt Rheinland-Pfalz hatte ja schon 1981 gesagt: »Absolut echt, diese Bücher.« Ich muß mir heute an den Kopf greifen, daß ich und der Heidemann alleine auf der Anklagebank gesessen sind.

*Es ist ja wirklich nicht zum Aushalten in der Birne. Sie sind der Spaßvogel der Nation geworden. Ist das Gerechtigkeitsgefühl bei allen noch in Ordnung?*

Ja, warum denn nicht?

*Ist es denn für Sie bis auf den heutigen Tag gar kein sittliches Problem, die Deutschen so übers Ohr zu hauen?*

Ja, nun, Sie müssen nur eins überlegen, ich haue ja nicht die Deutschen übers Ohr, sondern diese arroganten Gutachter, die allein Titel tragen, die sie nur durch Parteibücher und Schmiererei verdient haben und nicht durch Leistung und Können.

*Gut. Wann geben Sie uns eine erneute Probe? Woran arbeiten Sie, Meister?*

Ich würde jetzt sagen, ich weiß ja nicht, wie Ihr in Brandenburg finanziell gestellt seid.

*Beschissen!!*

Ich habe heute die Sensation. Die Tagebücher des Wilhelm Tell, mit Enthüllungen, die die Welt erschüttern. Wenn Ihr noch mitbieten wollt, bietet, bietet, bietet. Die Welt wird erzittern, wenn die Wahrheit über Wilhelm Tell ans Tageslicht kommt.

*Das ist die Geschichte, mit der gehen Sie ja jetzt wie ein Wanderprediger durchs Land, nicht wahr? Das, was da alles so an Personage aufgestellt wird, is' gar nicht so. Der Knabe, der dort steht, gehörte wem?*

Der gehörte dem Landvogt Gessler.

*Sagenhaft.*

Ja, Sie können natürlich auch vom Erich dem Ersten die Tagebücher bekommen. Da wird dargelegt, was seine Lieblingsspeise war, wie er Margot Feist kennenlernte. Die sind natürlich sehr, sehr billig zu haben, weil sich keiner dafür interessiert.

*Das hätte ich Ihnen jetzt sofort so marketingmäßig gesagt, da haben die Leute hier im Osten gerade gebremsten Erkenntnisgewinn, ist nicht so wild her im Moment.*

Meinen Sie? Naja, ich will ja unbedingt an den alten Mielke ran, daß der mir die Vollmacht gibt, seine Memoiren zu schreiben, aber der ist so verstockt, oder er hat im Geist oben nachgelassen.

*Beides, Verehrtester, beides. Das können wir hier nahe am Ort möglicherweise günstiger beurteilen als Sie. Beides. Das ist vertane Liebesmüh.*

*Sie fertigen aber gelegentlich auch echte Kujaus an, so kleine Wandbilderchen, Wandaktien und so. Kaufen die Leute, oder wollen die alle von Ihnen nur was haben vom langen Falsifikationsfinger?*

Nein, nein. Die Leute kaufen. Ich habe jetzt zwei Galerien. Die Preise der Bilder sind im Steigen begriffen – immer dann – und das ist das Makabere –, wenn eine Tageszeitung wieder berichtet, ich war unlängst im Krankenhaus. Und wenn ich im Krankenhaus erscheine, springt der Pförtner ans Telefon und meldet den großen Zeitungen »Kujau ist wieder im Krankenhaus«, dann berichten sofort die Zeitungen, der Krebs sei wieder ausgebrochen, und sofort steigen die Preise der Bilder, weil die Nachfrage sehr gut wird. Die Leute sagen alle, jetzt nibbelt der Kujau ab, und wir müssen uns noch ein Bild kaufen.

# Ich bin ein sehr guter Verlierer

Karl Eduard von Schnitzler
Moderator von »Der schwarze Kanal«
28. April 1993

*Das mediale Grauen in der DDR hatte einen Namen. Für viele aus der Ostmark war er schlechterdings das fleischgewordene Böse. Er wird heute 75 Jahre alt – und also guten Morgen, Karl Eduard von Schnitzler. An einem solchen Tag hält man ja inne. Wie ist denn die Stimmungslage bei Ihnen? Mehr so zerknirscht, Reue und Scham, oder immer noch das trotzige »Ich habe aber recht«?*

Na, da ham Sie sich aber zwei Tage lang Mühe gegeben, diese Frage schriftlich zu formulieren.

Danke, mir geht es ausgezeichnet, und ich gehe ganz frohgemut in diesen Tag. Ich sortiere gerade meine Post. Einen ziemlichen Berg. Ich habe eben auch meinen Rekor...

*Es ist furchtbar, Sie irren sich ja selbst an Ihrem 75. ...*

... der eingestellt, genauso wie der Verfasser ...

*Pardon, ich gerade, ich ...*

... reden Sie mir nicht dazwischen, lassen Sie mich doch ...

*Ich ...*

... aussprechen zum frühen Morgen.

*Sehen Sie, Ihre Genossen vom ZK haben hier in dem ehemaligen Rundfunk der DDR-Studios eine hervorragende Einrichtung zustande gebracht, einen sogenannten Begrenzer, der sorgt bis auf den heutigen Tag dafür, daß der Moderator am Mikrofon das letzte Wort hat, das war damals auch schon immer so.*

Ja, wir sind ja noch nicht am Letzten.

*Wir versuchen's erst nochmal mit einer kleinen Antwort auf Ihre Frage, eigentlich wollte ja ich die Fragen stellen. Sie werden es nicht glauben, Sie irren sich selbst an Ihrem 75.Geburtstag – ich schreibe mir nie was auf. Nehmen Sie mir das ab?*

Ich habe nicht gesagt, daß Sie das aufgeschrieben haben. Sie haben gut formuliert vorher, ja.

*Zwei Tage?*

Na gut, ... also, ...

*Hmm, gut. Beginnen wir noch einmal von vorn. Wie ist denn die Stimmungslage? Jetzt hören wir zu.*

Danke, die Stimmungslage ist ganz ausgezeichnet, zumal ich gerade meine Post sortiere, die sehr erfreulich ist, und gerade im *Neuen Deutschland* sehe, daß da einige Genossen aus nah und fern mir Glück wünschen.

*Prima, aber Sie hätten's möglicherweise ja dicker haben können, wenn es nicht so gekommen wäre, wie es ist. Vielleicht hätte es einen Orden gegeben. Ist es nicht bedauerlich?*

Natürlich ist das bedauerlich und eine Niederlage gewesen, aber auf der anderen Seite dürfen Sie nicht vergessen, daß ich zum Beispiel Post bekomme des Inhalts: »Wir haben Ihren Kanal nicht immer gern und auch nicht oft gesehen, aber was Sie damals über die Gebrechen und die Unmenschlichkeit des Kapitalismus gesagt haben, das war die reine Wahrheit, das erfahren wir ja jetzt am eigenen Leibe.«

*Ist es nicht betrüblich, daß Ihr Hang zur Wahrheitsliebe so schlimm zerschellt ist?*

Ach wissen Sie, betrüblich ist das für die, die unentwegt über mich Lügen verbreiten und vor allen Dingen über die Deutsche Demokratische Republik Lügen verbreiten.

*Wer tut denn das gerade?*

Na, da brauchen Sie nur Ihren Sender anzusehen, wenn er sich mit Geschichte beschäftigt; andere Fernsehsender, Bonner Politiker ...

*Nun sagen Sie mal bloß, das würde unsere Kollegen ja beflügeln, Sie hören unseren Sender?*

Bitte?

*Sie hören unseren Sender? Das löst ja hier ...*

Ich bin ganz sicher, daß sie dieses Gespräch mit großem Interesse hören und danach ihre Lügen nicht nachlassen, sondern wiederholt werden. Das kenne ich.

*Woher ziehen Sie diese Gewißheit, aus der Historischen Mission, oder woher?*

Das ist so 'n richtiges Geburtstagsgespräch, das Sie sich

vorgenommen haben, so freundlich und zuvorkommend, das ist ganz reizend.

*So ganz nach Art des Hauses, meinen Sie?*

Nicht nur des Hauses. Nach Art des Hauses BRD.

*Versuchen wir es doch mal mit 'ner sportlichen Nuance: Sie sind aber ein schlechter Verlierer, Herr von Schnitzler.*

Ich denke, ich bin ein sehr guter Verlierer. Ich habe in meinem Buch jetzt die dritte Auflage erreicht, also es interessiert die Leute doch offensichtlich.

*Wer liest denn das so? Haben Sie darüber gesicherte Erkenntnisse?*

Ach wissen Sie, wenn drei Auflagen verkauft werden, ja, und wenn ein derartiger Haß in den Medien oder auch in anderen Gremien in der Justiz gegen mich gestartet wird – und heute soll ja ein Urteil gegen mich verkündet werden, in Hamburg –, dann spricht das eigentlich nur für dieses Buch.

*Haß ist mir wesensfremd, davon können Sie nur immer ausgehen. Aber Sie klingen so erregt, macht das die hohe Feier, oder ...?*

Nein, ich bin überhaupt nicht erregt. Ich habe gerade das Frühstück vorbereitet, wenn meine Frau zum Frühstück runterkommt.

*Verbringen Sie diese Festivität in Einsamkeit, oder kommen noch viele?*

Ach, überhaupt nicht. Wissen Sie, wer sich heute alles angesagt hat, das ist schon ganz erstaunlich ...

*Vertrauen Sie uns an, wer?*

Das ist das einzige ...

*(B. lacht)*

Unterbrechen Sie mich doch nicht dauernd, Sie Flegel! Ja, Sie verdienen kein anderes Wort. Die allerersten Sätze bereits waren eine Unverschämtheit von Ihnen, aber meine Souveränität geht soweit, daß ich trotzdem mit Ihnen rede.

Es haben sich so viele Menschen angesagt, daß ich mit ein bißchen Besorgnis, aber auch mit großer Freude diesem Tag entgegensehe.

*Den haben Sie dann ganz umsonst. Ich schulde Ihnen stillen Dank für diese späte Offenbarung.*

*Besten Dank, Herr von Schnitzler.*

# Von Prozenten lebt niemand

Rudolf Scharping
SPD-Vorsitzender,
Ministerpräsident von Rheinland-Pfalz
12. August 1993

*Die Verabschiedung des Waigelschen Streichpaketes gestern im Kabinett war nur noch eine Formalie – das konnte der Kanzler getrost seinen Stellvertreter Kinkel erledigen lassen. Gleichwohl reicht der Protest bis tief in das Lager der Union hinein. Aber an Interventionsmöglichkeiten haben die Sozialdemokraten soviel gar nicht auf der Faust – es sei denn die Nullrunde bei der Sozialhilfe. Das kann mit dem Bundesrat blockiert werden. Halten Sie es denn, und also guten Morgen, Rudolf Scharping, für wahrscheinlich, daß Sie mit Hilfe der unionsregierten Länder im Osten noch etwas mehr zustande bringen?*

Das kann ich jetzt im Augenblick nicht beurteilen. Jedenfalls sind die Vorschläge der Bundesregierung nicht akzeptabel. Sie benachteiligen die Schwächeren in unserer Gesellschaft. Wer eine Wirtschaftspolitik betreibt, die den höchsten Stand der Arbeitslosigkeit in der Nachkriegsgeschichte Deutschlands zur Folge hat und gleichzeitig die sozialen Leistungen wie das Kindergeld, die Sozialhilfe, vor allen Dingen das Arbeitslosengeld und entsprechende andere Leistungen kürzt, betreibt eine ganz und gar unvertretbare Politik. Dagegen wird die SPD mit allen Mitteln kämpfen.

*Der Finanzminister sagt Ihnen, es würden noch über sechsunddreißig Prozent der Gesamtetats dafür aufgewandt. Mehr hätt' er nicht.*

Das ist relativ dummes Zeug. Diese Prozentzahlen sagen nichts darüber aus, wie viele Menschen betroffen sind. Von Prozenten lebt bekanntlich niemand, sondern von harter D-Mark, wenn er sie denn in der Tasche hat. Vor diesem Hintergrund muß diese Zahl beurteilt werden, denn wenn in Deutschland 500 000 Menschen arbeitslos sind, dann braucht der Finanzminister natürlich weniger

Geld für Arbeitslosenunterstützung, als wenn vier Millionen arbeitslos sind. Er wäre deshalb klug beraten, wenn endlich eine Wirtschaftspolitik gemacht würde, die Arbeitsplätze erhält und neue schafft – dann brauchte er auch weniger Geld. Das ist jedenfalls sinnvoller, als das Arbeitslosengeld für die von der Politik der CDU Betroffenen dann auch noch zu kürzen.

*Daß das Staatssäckel ein Riesenloch hat, das gestopft werden muß, ist ja auch in Ihrer Partei unstrittig. Haben Sie denn eine andere Rezeptur als er?*

Ja, wir haben der Bundesregierung bei den Verhandlungen über den Solidarpakt eine Reihe von Vorschlägen gemacht, zum Beispiel im Bereich der Finanzpolitik. Dies wurde allerdings nicht akzeptiert. Aber wir werden darauf zurückkommen, denn die CDU-regierten Länder zeigten Übereinstimmung. Im übrigen hat die SPD-Bundestagsfraktion gerade in den letzten Tagen ein Paket vorgelegt, mit dem sich die Finanzsituation des Staates ohne Einschnitt in soziale Leistungen um dreißig Milliarden verbessern ließe, also ein gutes Stück mehr, als Herr Waigel jetzt mit seinem sozialen Kahlschlag erreichen will.

*Themenwechsel.*

*In Ihrer Partei tobt gerade der Diskurs um Blauhelmeinsätze der Bundeswehr. Zunächst ist erst mal in der Spitze Ihrer Partei ein Konsens erreicht worden. Ich will es mal das Verheugensche Modell nennen. Es ist schwer für den Außenstehenden zu begreifen, denn Krieg richtet sich nun mal nicht danach, ob man sich selbst verteidigt oder den Auftrag verteidigt. Flugs ist man in einer friedensschaffenden Maßnahme drin. Ihr Parteifreund Karsten Voigt sagt, das ist sowieso Begriffshackerei, was da in der Partei passiert.*

Richtig! Deshalb will ich mich daran auch nicht beteiligen. Der Sicherheitsrat der Vereinten Nationen hat in den letzten fünfundvierzig Jahren, also seit dem Zweiten Weltkrieg, zweimal UN-Truppen mit einem militärischen Auftrag entsandt. Das war im Koreakrieg in den fünfziger Jahren und im Golfkrieg. An solchen Aktivitäten werden wir uns nicht beteiligen. Wohl aber an Aktivitäten der UNO, die mit Hilfe von Blauhelmen oder mit diplomatischen Mitteln oder mit anderen Maßnahmen den Versuch machen, Frieden zu erhalten und Frieden zu sichern. Das liegt in der Tradition sozialdemokratischer Politik, Militär ist ein wenig geeignetes Mittel für Friedenspolitik. Das wichtigere ist eine aktive Außenpolitik, die sich an Frieden, Freiheit und Wohlstand orientiert und Konflikte frühzeitig zu erkennen und zu vermeiden hilft. Es gibt in Europa dank Willy Brandt und anderer sehr gute Erfahrungen. Die können wir nutzen, auf denen wollen wir aufbauen. An Kriegsführung werden wir uns nicht beteiligen.

*So 'n Krieg hat doch nun mal 'ne Eigendynamik. Ist das dann nicht wirklich Haarspalterei?*

Ich hab' ja gesagt: »An Krieg werden wir uns nicht beteiligen.«

*Es wird aber doch mal passieren, ohne daß man es vorhersehen kann. Schon die Eskalation in Somalia zeigt doch an, daß die Dinge einen anderen Verlauf nehmen, als die Diagnose es bei den Genossen beispielsweise vorhersieht. Sagen Sie dann: »Gut, Jungs, jetzt kommt wieder nach Hause.«?*

Nein, ich will auch nicht den Sonderfall Somalia diskutieren, da müßte man viele Einzelheiten besprechen. Aber grundsätzlich gilt, daß man ja zum Beispiel die Frage der Versorgung von einigen 100 000 Menschen nicht davon abhängig machen kann, ob eine entschlossene Gruppe von zweihundert Banditen sich einem Hilfskonvoi in den Weg stellt und versucht, ihn mit einer Schießerei oder mit Minen aufzuhalten.

*Letzter Tagesordnungspunkt: Stasi-Akten flattern durch den hoheitlichen geheimdienstlichen Raum. Sie sagen, das wird von der Regierung parteipolitisch instrumentalisiert. Der Kanzler erklärt, dem Rechtsstaat und der Aufklärung werde komplett Genüge getan. Nehmen Sie ihm das jetzt ab?*

Nein, das nehme ich ihm nicht ab. Der Fall von Herrn Staatssekretär Vöcking, der geheimdienstliche Akten an Journalisten weitergegeben hat, um Björn Engholm zu diskreditieren, machte deutlich, daß dies eine gewisse Übung hat. Vor diesem Hintergrund nutzt mir die Versicherung des Bundeskanzlers, abgegeben am Wolfgangsee aus der beschaulichen Ferne des Urlaubs, überhaupt nichts, denn ständig wird in Bonn Material aus dubiosen

Quellen herumgereicht, das für viel Geld erworben wurde. Deshalb mahne ich dringend an, daß die parlamentarische Kontrollkommission über die Erkenntnisse des Verfassungsschutzes umfassend und vollständig informiert wird und daß endlich der Versuch unterbleibt, den guten Ruf von Menschen zu ruinieren, nur weil man sich einen parteipolitischen Vorteil davon erhofft.

*Wer hat das nach Ihren Erkenntnissen für viel Geld gekauft? Und wieviel?*

Über das Wieviel kann ich Ihnen nichts sagen, aber ich mache Sie auf Presseberichte aufmerksam, die ganz deutlich sagen, daß hier alle möglichen Geheimdienste ihre Finger im Spiel haben und daß manchmal Leute aus der früheren DDR, die mit Spionage und anderem beschäftigt waren, zum Teil auch Akten verhökern.

*Herr Gauck möchte die Papiere gern sehen, wenn nicht gar haben. Halten Sie das für billig und richtig?*

Ja, ich hätte nichts dagegen, daß er sie sieht, das wäre eine weitere Kontrollinstanz.

*Wann sehen Sie den Kanzler?*

In der zweiten Augusthälfte, so in etwa vierzehn Tagen.

*Steht der Themenkanon schon fest?*

Ja, wir haben einen großen Teil der Themen besprochen, und es kommen einige hinzu. Ich vermute, daß wir auch über den Generalbundesanwalt reden. Das ist ja der äußere Anlaß für das Gespräch.

*Wer ist Ihr Kandidat?*

Darüber habe ich öffentlich noch nie räsoniert, und das werde ich auch nicht tun, das macht die Sache nicht einfacher.

# Marktwirtschaft ohne Garantie

Birgit Breuel
Präsidentin der Treuhandanstalt
19. August 1993

*Gestern haben Vorstand und Aufsichtsrat der »Mitteldeutschen Kali« noch einmal miteinander beratschlagt und bleiben dabei: Das Ultimatum an die Bischofferöder Kumpel gilt. Die hatten eine Note an die Präsidentin der Treuhand gesandt und meinten, ein Ultimatum sei ja doch wohl nicht die richtige Form einer demokratischen Auseinandersetzung. Mittlerweile haben Sie, und also guten Morgen, Birgit Breuel, denen in Bischofferode geantwortet. Können Sie uns in groben Zügen sagen was?*

Also ich würde erst mal doch die Bitte äußern, daß es hier nicht um ein Ultimatum geht, sondern daß es darum geht, die vom Gesetz – und in diesem Fall vom bergrechtlichen Gesetz – vorgegebenen Auflagen zu erfüllen. Um Eskalationen zu vermeiden, hat die Treuhand längere Zeit einen Zustand in dem Unternehmen geduldet, der nicht zulässig ist. Wir denken, daß es im Interesse der Betroffenen liegt, wie auch in unserem Interesse, jetzt wieder für geordnete Zustände zu sorgen. Dies ist den Mitarbeitern mitgeteilt worden, und ich bin auch guter Dinge, daß wir dort zu einvernehmlichen Lösungen kommen werden, weil wir ja ein großes, gemeinsames Interesse daran haben, daß die Arbeit wieder aufgenommen werden kann nach dem Betriebsurlaub.

*Das kann man so im Moment eigentlich nicht erkennen. Was bleibt Ihnen denn noch, wenn die Kumpel festhalten an ihrer Werksbesetzung?*

Das wird dann, Herr Bertram, zu diskutieren sein, wenn es soweit ist. Aber ich denke schon, daß die Kumpel ja selber das allergrößte Interesse daran haben müssen, daß die Arbeit wieder aufgenommen werden kann. Dennoch können sie ja ihre Positionen, ihren Kampf für die Arbeitsplätze, so, wie sie ihn für richtig halten, fortführen. Das will ich auch gar nicht bewerten. Ich wehre mich auch mit aller Entschiedenheit dagegen, daß hier denkbarerweise demokratische Rechte eingeengt werden. Ich würde niemals akzeptieren, daß demokratische Demonstrationsformen behindert werden. Aber es muß eben durch die Form der Demonstration dazu beigetragen werden, daß hier keine bergrechtlichen Vorschriften behindert werden und damit womöglich auch die Sicherheit der Menschen vor Ort nicht mehr gesichert werden kann.

*Würden Sie das zur Not auch mit Polizeigewalt durchsetzen?*

Diese Frage stellt sich zum gegenwärtigen Zeitpunkt nicht.

*Wann würde sie sich denn stellen?*

Diese Frage wird sich stellen, wenn die Gespräche mit den Kumpeln geführt worden sind. Aber ich sag' noch mal: Man muß nicht spekulieren, man muß davon ausgehen, daß die Kumpel, die ja mit Recht immer auf ihr Demokratieverständnis hinweisen, dieses Demokratieverständnis auch für sich gelten lassen.

*Zeiträume sehen Sie sich nicht in der Lage zu fixieren?*

Nein, ich denke, man sollte jetzt nicht durch öffentliche Erklärungen etwas eskalieren lassen, was nicht zu eskalieren braucht.

Ich denke, daß den Kumpeln bewußt sein sollte, daß das Werk Bischofferode leider erhebliche Verluste einfährt und daß es in der Treuhand ja schon Überlegungen gegeben hat, diese Betriebsstätte Ende 1991 zu schließen, was betriebswirtschaftlich auch dringend erforderlich gewesen wäre. Dieses haben wir damals nicht getan, weil wir versucht haben, noch Lösungen zu finden – das heißt, völlig unabhängig von der Frage, ob die Fusion kommt oder nicht. Ich gehe davon aus, daß sie kommt, weil dies die einzige Möglichkeit ist, so viele Arbeitsplätze zu retten, wie damit gerettet werden können. Unabhängig davon würde die Grube Bischofferode nicht zu retten sein. Ich denke, man sollte noch hinzufügen dürfen, daß sich die Kumpel in Bischofferode auch immer wieder bitte bewußt sein sollten, daß ja mit der Entscheidung zur Fusion erhebliche Investitionen in Ostdeutschland getätigt werden und damit andere Gruben – was nicht die Menschen in Bischofferode tröstet – natürlich erheblich gestärkt werden, zum Beispiel in Zielitz, und insofern eine Verhinderung der Fusion oder andere Schwierigkeiten weitere Arbeitsplätze in Gefahr bringen würden.

*Wie lange würden Sie denn Garantien für 'ne Grube wie in Zielitz übernehmen?*

Die Marktwirtschaft sieht keine Garantien vor. Jeder muß sich im Wettbewerb behaupten. Aber die Chancen, daß dort langfristige wettbewerbliche Möglichkeiten bestehen – die Chancen sind sehr, sehr groß.

*Das zielte eben auf die Laufzeit des Fusionsvertrags, der ja nur vier Jahre gilt.*

Gut. Es sind ja dann Eigentümerverhältnisse geschaffen, die interessant genug sind, die ja auch denkbarerweise eines Tages börsenfähig werden können. Da kann man heute noch keine sicheren Prognosen machen, aber ich sag' noch mal: Da werden Voraussetzungen geschaffen, daß deutsches Kali seine Position im Weltmarkt behaupten kann, und das ist der entscheidende Punkt in einem Markt, der gegenwärtig durch Überkapazitäten, durch Preisverfall und durch anderes gekennzeichnet ist, und insofern müssen wir kämpfen, dieses zu erhalten.

*Jeder beruft sich ja auf sachliche und gute Argumente, aber bleibt da nicht zwischen beiden Seiten eine ganz tiefe, auch menschliche Wunde, die nur schwer vernarben und verheilen wird?*

Also, ich hab ja, Herr Bertram, daran nie einen Zweifel gelassen, daß ich durchaus, glaube ich jedenfalls sagen zu dürfen, die Sorgen und Nöte der Menschen vor Ort nicht nur respektiere, sondern auch verstehe. Und ich persönlich wünsche mir sehr, daß ich eines Tages mal Gelegenheit habe, mit den Betroffenen auch über diese Tage und Wochen in Ruhe reden zu können. Ich denke, daß es dafür leider noch zu früh ist, aber dann wird man vielleicht einiges auch wieder heilen können.

*Ist es nicht sogar leider eher zu spät?*

Es hat ja viele Gespräche gegeben, auch vor den Aktionen, die da jetzt stattgefunden haben, auch mit der Treuhand. Also ich denke, Bemühungen sind doch vielfältig unternommen worden.

# Der Esel – dein Freund und Helfer

Hubert Rennhofer
Mitglied der Interessengemeinschaft der Eselfreunde Deutschlands
27. August 1993

*Attentione, vor allen Dingen für alle Esel und Eselfreunde! Zum fünften Mal nämlich tagt der Eselkongreß in Bad Grund. Das liegt im sachsen-anhaltinischen Harz.*

*Morgen, Hubert Rennhofer. Sie gehören der Interessengemeinschaft der Eselfreunde Deutschlands an. Sie sitzen ihr gar stellvertretend vor. Wie viele Esel und Eselfreunde werden Sie denn am Wochenende begrüßen?*

Guten Morgen, Herr Bertram. Es sind schon eine ganze Menge angereist. So an die fünfzig Esel, und wir erwarten heute und morgen noch weitere hundertfünfzig. Das heißt vierbeinige Esel.

*Können Sie meinen Eindruck bestätigen, daß die Zahl der Esel und auch die Zahl der Eselanhänger zunimmt?*

Ja! Wir haben diese Interessengemeinschaft der Eselfreunde, Herr Bertram, vor sechs Jahren gegründet mit achtzehn Mitgliedern. Wir sind mittlerweile auf über fünfhundert Mitglieder bundesweit angewachsen.

*Jetzt leide ich mit Ihnen, weil ich mir vorstellen kann, daß Sie Schwierigkeiten an einer Stelle haben: Politiker übernehmen ja gern das Patronat für so was. In diesem Falle, schätze ich, werden die sich etwas sparsam halten.*

Ja, da haben Sie recht. Aber trotzdem, wir stehen ja vor der Landtagswahl im nächsten Jahr, und nicht zuletzt deshalb finden sich immer wieder Politiker, die das dann wahlwirksam vermarkten können. Sie haben dann doch genug Humor und stellen sich zum Patronat zur Verfügung.

*Haben die Esel in Deutschland eine Lobby? Würden Sie so weit gehen, das allgemeine Wahlrecht für Esel zu fordern?*

Das geht ein bißchen zu weit, aber eine starke Lobby haben wir durch unsere Interessengemeinschaft doch für die Esel.

*Muß man Spezialist sein wie Sie, um Esel von Politikern*

*in Parlamenten oder in der Regierung zuweilen noch unterscheiden zu können?*

Ihre Fragen sind ganz schwer zu beantworten.

Ich denke, manches gleicht sich doch sehr.

*Woher kommt denn des Deutschen Affinität zum Esel? Das ist ja kein norddeutsches Problem, es kommt ja halb Europa zu Ihnen. Vor fünf Jahren haben Sie angefangen, sich auch standesrechtlich zu organisieren. Ihr Esel ist aber jetzt nur noch Freizeitobjekt, oder hat er noch handfeste Aufgaben wie früher in dieser Region?*

Das ist richtig. Im Harz war der Esel ja damals eingesetzt. Da hat man das Korn aus den Kornhäusern in Osterode, Nordhausen und Goslar nach oben gebracht. Er war ein sehr wichtiges Transportmittel. In den südlichen Ländern ist er ja noch heute Haus- und Nutztier. Nur bei uns in Deutschland ist er eben Freizeitpartner geworden.

*Sie wählen Mistress und Mister Esel am Wochenende. Ist da nur die spezifische Gattung zugelassen, oder darf ich noch Vorschläge machen?*

Nein, da ist nur die spezifische Gattung zugelassen.

*Was zeichnet denn einen richtigen Esel aus? Das Vorurteil im Volke sagt, daß der störrisch und ein bißchen bescheuert ist.*

Es ist eigentlich alles genau umgekehrt. Er ist weder dumm, noch ist er störrisch. Nur vorsichtig. Was ein Esel nicht kennt, läßt ihn zögern. Zum Beispiel eine Brücke, über die er noch nie gegangen ist. Der Esel bleibt erst einmal stehen und beguckt sich die Brücke. Wenn er sie für gut befindet oder sehr viel Vertrauen zu seinem Betreuer hat, dann geht er auch mit drüber.

*Was frißt denn so 'n Esel? Möglicherweise muß ja da bei bestimmten Treffen, wo es so Gabelbissen und kalte Büfetts gibt, ein bißchen was geändert werden?*

Der Esel frißt eigentlich nur Heu, Stroh, Möhren, Runkelrüben und ab und zu eine Scheibe hartes Brot. Das ist sein ganzes Futter.

*Also sehr im Unterschied zu den Eseln mit den kurzen Ohren. Leicht in der Pflege und sparsam zu beköstigen.*

Jawohl, so ist das.

*Oder hat der Esel 'ne Selbstversorgermentalität, die weit über den eigenen Bedarf hinausgeht?*

Nein, hat er nicht. Der Esel hört auch auf, wenn er genug hat. Das ist beim Menschen ein bißchen anders.

*Bevorzugt der Esel mehr hügeliges oder getarntes Gelände, oder zeigt er sich frei in der Landschaft?*

Er zeigt sich frei in der Landschaft, aber es ist so: Der Esel ist im Ursprung ein Wüstentier. Da stammen eigentlich alle Esel her. Die haben sich hier sehr gut akklimatisiert, und wenn sie ein bißchen gebirgige Landschaft und festen Boden haben, ist ihnen das lieber als weiche Böden irgendwo in Norddeutschland.

*Da er Wüstentier ist, nehme ich an, hat der Esel 'ne besondere Spürnase für Quellen?*

Aber nein! Der Esel hat Angst vor Wasser. Die Esel sind wasserscheu.

*Was muß man unternehmen, um sie ins Wasser zu bringen?*

Also das ist ganz schwierig, das muß ich sagen. Es gibt Esel, die weichen der kleinsten Pfütze schon in weitem Bogen aus. Man weiß ja nicht, was unter dem Wasser ist. Da kann ja ein Frosch drin sein.

*Bevorzugt er mehr Stallung oder mehr das pralle, freie Leben?*

Es ist von Vorteil, wenn er das freie, pralle Leben hat. Oder auch im Wald, wenn man schöne Wiesen hat. Das ist ideal für Esel.

*Können die Esel denn in der Herde miteinander?*

Ja, sehr sogar. Es ist nur nicht gut, wenn mehrere Männer zusammen sind. Dann würden die um ihre Frauen kämpfen. Es ist aber durchaus möglich, Hengste und Stuten in einer Herde zu halten. Im Gegenteil, das ist eine sehr gute Haltung.

*Wie weit muß man denn die Genesis zurückverfolgen, bis wir auf die Schnittstelle zwischen Mensch und Esel wirklich kommen?*

Man sagt, daß der Esel zwischen 4 000 und 6 000 Jahren vor Christus schon domestiziert war und das älteste Haustier ist, was dem Menschen dient.

*Die Heilige Schrift hat ein positiv bejahendes Verhältnis zum Esel.*

Richtig! Wir haben in diesem Jahr das Motto: »Der Esel – Freund und Helfer«. Vor zwei Jahren hatten wir das

Motto: »Der Esel – Gottes Lieblingstier«. Der Esel ist aus der Bibel gar nicht wegzudenken.

*»Der Esel – Freund und Helfer«?*

Richtig!

*Sie klingen mit starkem bayerischem Akzent. Hat Ihnen jemand im Harz gesagt, daß es diesen Spruch im Osten, ähnlich gelagert, schon mal gab?*

Das wußten wir nicht.

*Aber jetzt wissen Sie's?*

Jetzt wissen wir's.

*Es war also der blanke Zufall? Nicht die Wessi-Rache am Ossi und seinen Volkspolizisten?*

Nein, nein.

# Innovative Schwaben

Erwin Teufel
Ministerpräsident von Baden-Württemberg
31. August 1993

*Deutschland befindet sich in einer schweren Strukturkrise. Das bekundet und weiß inzwischen jeder, aber es fällt niemandem so richtig etwas dazu ein. Jeder dreht nach politischem oder unternehmerischem oder gewerkschaftlichem Standort die alte Leier. Schauen wir nach Schwaben. Die sind noch findig und haben ihren eigenen Laden schon mal mit Fleiß und Phantasie von oben nach unten gekrempelt und retour. Gottlob hat da einstens, als die große Koalition zustande kam zwischen Sozis und Christen, in der Koalitionsvereinbarung in Stuttgart gestanden, es sei eine Zukunftskommission »Wirtschaft 2000« zu gründen. Die nun, und also guten Morgen, Erwin Teufel, württembergischer Ministerpräsident, hat gestern ihren Bericht vorgelegt und Empfehlungen ausgesprochen. Welche bitte?*

Ich glaube, daß der wichtigste Hinweis der ist, daß die Strukturkrise nicht nur aus einer Kostenkrise besteht – wir haben einen Rückstand in den Kosten gegenüber unseren Hauptmitbewerbern auf den Weltmärkten von bis zu dreißig Prozent –, sondern daß diese Strukturkrise auch eine Technologiekrise ist. Wir haben in der Informationstechnologie, in der Mikroelektronik, aber auch in der Biotechnologie große Rückstände gegenüber Japan und den Vereinigten Staaten.

*Das ist ein Aspekt, der in der Regel unter den Tisch fällt, weil beim großen Verteilungskampf alle nur übers Knack reden. Was wäre denn da nun zu tun?*

Ich glaube, es ist nicht möglich, daß wir die Löhne in unserem Land so reduzieren, um wieder konkurrenzfähig zu sein mit Billiglohnländern. Also bleibt überhaupt nichts anderes übrig, als daß wir führend sind, mit an der Spitze sind in der Hochtechnologie. Damit können wir dann neue Arbeitsplätze schaffen in unserem Land, bei denen dann die Löhne nicht so stark in der Konkurrenz zu Buche schlagen.

*Und das tragen Ihre württembergischen Unternehmer mit und sagen nicht »tschö« und »grüß schön« und nehmen den Koffer und gehen nach Taiwan? Da ist die Technologie doch auch zu haben.*

Also ich glaube, daß wir, wenn wir überhaupt mithalten können, die Hochtechnologie selber haben müssen und nicht in Abhängigkeit geraten dürfen von Japan oder von Südostasien. Ich bin allerdings der Meinung, daß die deutsche Wirtschaft sehr viel stärker Fuß fassen muß in Südostasien, dem einzigen Markt auf der Welt, in dem im Augenblick noch zweistellige Wachstumsraten geschrieben werden.

*Haben die gepennt? Haben die den Markt aus dem Visier verloren?*

Nein, aber es war so, daß die große Stärke, daß innerhalb der EG der größte Binnenmarkt der Welt entstanden ist, dazu geführt hat, daß die deutsche Wirtschaft vor allem in Länder des EWR-Raumes exportiert hat; über siebzig Prozent unserer Produkte. Und dann haben wir auf dem nordamerikanischen Markt, auf den es auch entscheidend ankommt, etwa die Hälfte unseres Potentials von vor zehn Jahren verloren, und auf dem südostasiatischen Markt, den wir gerade angesprochen haben, sind wir überhaupt nur mit sieben bis elf Prozent vertreten. Dort müssen wir sehr viel stärker Fuß fassen, dafür sorgt Baden-Württemberg auch, indem wir deutsche Industrie- und Handelszentren gründen. Zunächst in Yokohama, in Japan – das funktioniert bereits gut –, und jetzt in Singapur, und wir planen auch eins in Taiwan und in Südkorea.

*Und Sie tun noch einiges mehr: Sie wollen auf Landesebene ein Innovationszentrum gründen und auf die anderen nicht warten.*

Ja, also es kommt eben darauf an, nicht nur im Bildungswesen und an der Hochschule und in der Forschung Spitze zu sein, sondern es kommt darauf an, daß Forschungsergebnisse möglichst schnell umgesetzt werden in neue Produkte und in neue Produktionsverfahren.

*Aber da muß sich die deutsche Industrie doch nun wirklich die Zigarre auch mal selber anstecken. Sie hat es in*

*Entwicklungen und Forschung nicht getan, wenn es sich nicht sofort in Rendite ummünzen ließ.*

Also ich halte überhaupt nichts von Vorwürfen rückwärts und von gegenseitigen Beschuldigungen. Wir sind in einer Krise, und wir kommen aus dieser Krise nur durch gemeinsame Anstrengungen heraus, und da hat jeder seine Hausaufgaben zu machen. Die Tarifpartner genauso wie der Staat, wie Bund und Länder.

*Wie laut war gestern bei Ihrer Kommission der Schrei nach der Staatsknete, oder ziehen die sich an den Haaren selber aus dem Schlamassel?*

Also ich glaube, daß wir gar nicht mehr in Versuchung kommen, Konjunkturprogramme aufzulegen, und gar nicht darüber diskutieren müssen, wie wirksam oder nicht wirksam sie sind. Es ist schlicht kein Geld in der Kasse, und deswegen ist dies auch kein Lösungsansatz.

# Ich weiß es nicht, wissen Sie's?

Sabine Leutheusser-Schnarrenberger
Bundesjustizministerin
1. September 1993

*Nun zu unserer beliebten Rubrik: »Ich weiß es nicht – wissen Sie's?«*

*Guten Morgen, Sabine Leutheusser-Schnarrenberger, Bundesjustizministerin. Ist der Posten des Generalbundesanwalts noch zu haben, oder ist er weg?*

Es liegt ein Vorschlag vor zur Besetzung, und darüber wird mit den beteiligten Personen gesprochen.

*Sie sagen uns in keinem Falle, wer's wird, nein?*

Was ist?

*Sie sagen uns in keinem Falle, wer's wird?*

Nein.

*Hat der Ihr Parteibuch?*

Es geht nicht darum, daß Posten nach Parteizugehörigkeit besetzt werden, sondern nach Sachkenntnis und Fachkenntnis.

*Da hab' ich jetzt was fürs Leben gelernt.*

*Ihre Fraktion trifft sich in Nürnberg, seit gestern, und das bis morgen. Sie befassen sich mit Fragen des Wirtschaftsstandortes und der inneren Sicherheit.*

*Hatte die Fraktion fünf Minuten Zeit, sich darüber zu ärgern, daß sie der Kanzler gelegentlich in der Nachfolgefrage der Bundespräsidentschaft als Partei hat richtig ins Leere laufen lassen?*

Wir beschäftigen uns hier nicht mit Personalien, sondern mit den Themen, die Sie gerade genannt haben; und welcher Wunschkandidat bei der FDP genannt wird, das ist ja klar.

*Ja, aber der Kanzler hat an diesem Wunschkandidaten noch kein teilnehmendes Interesse gefunden.*

Ich glaube nicht, daß jetzt die Zeit ist, hier über Personaldinge zu spekulieren, sondern ich glaub', sehr wichtig ist, daß wir uns eben mit den Fragen der wirtschaftlichen Situation und auch der inneren Sicherheit beschäftigen.

*Hmm, gut, dann befassen wir uns mit den Fragen der wirtschaftlichen Situation. Dazu hat Herr Rexrodt ja was erarbeitet, und das ist so hübsch geworden, daß der Kanzler das am Freitag sogar mit der Presse vorstellt. Was hat denn die Freie Demokratische Partei zum Wirtschaftsstandort Deutschland anzumerken, was wir noch nicht wüßten?*

Ja, das Papier ist ja schon in den letzten Wochen in vielen Einzelheiten in der Presse erörtert worden, und wenn es um wirtschaftliche Fragen und Antworten geht, dann glaube ich, ist es wirklich das allerbeste, Sie wenden sich an den zuständigen Minister.

*Aber mit der Frage nach der inneren Sicherheit bin ich bei Ihnen dann schon richtiger?*

Da sind Sie ganz richtig, ja.

*Gut ... Der große Lauschangriff? Wär' das was, wo 'ne große Kehre in Ihrer Partei drin ist?*

Alles immer auf ein Thema zu reduzieren, nämlich auf die Frage, Wanzen in Wohnungen anzubringen, ist, glaube ich, nicht richtig beim Umgang mit diesem Thema. Außerdem hat die FDP dazu eine eindeutige Entscheidung auf ihrem Parteitag getroffen, eine Mehrheitsentscheidung, daß wir eben keine Wanzen in Wohnungen wollen.

*Hmm, dann weiten Sie uns doch die innere Sicherheit ein bißchen aus.*

Also, die Fragen der inneren Sicherheit und der Bekämpfung der Kriminalität sind ja etwas differenzierter zu sehen. Der meiste Anstieg der Kriminalität liegt im Bereich der Diebstahls- und Eigentumsdelikte und bei rechtsextremistischen Gewalttaten. Und da, glaube ich, muß es erst mal eine Antwort geben: Wir haben kein Gesetzgebungs-, sondern ein Vollzugsdefizit. Da brauchen wir mehr Polizei, und vor allen Dingen brauchen wir sie eingesetzt für die richtigen Aufgaben und nicht in den Amtsstuben.

*Ich will mal einer Geschichte nachgehen, die wir hier gestern besprochen haben. Darauf müßten Sie ja 'ne Antwort haben.*

*Beispiel: Der Brandenburgische Innenminister hat die*

*Reichskriegsflagge verboten, sein thüringischer Amtsbruder tut das nicht. Beide geben dafür Gründe vor und sagen, das sei eine Ermessensfrage. Ist das wirklich so?*

Es gibt eine Strafbestimmung. Danach werden Nazi-Symbole verboten, und derjenige, der sie verwendet, der kann sich strafbar machen. Und es ist nicht eindeutig in dieser Bestimmung geregelt, welche Flaggen, Fahnen, Parolen, Anstecknadeln darunter fallen, deshalb möchte ich auch hier eine Änderung.

# Loyalität ist zu erwarten, Liebedienerei nicht

Walter Jens
Präsident der Akademie der Künste
3. September 1993

*Man hört es vernehmlich durchatmen. Erleichtert, ermüdet, erfreut, beleidigt, wie auch immer. Die Stimmungslage ist, wie der Märker und Berliner sagen würde, blümerant.*

*Ein Gefecht ist zu Ende, und so manches ist gewonnen oder auf der Strecke geblieben. Gestern haben die Berliner Parlamentarier mit immerhin komfortabler Mehrheit nun endlich ein bejahendes Verhältnis zur Akademie der Künste entwickelt. Dies war, so hat uns Uwe Lehmann-Brauns, der kulturpolitische Sprecher der CDU-Fraktion im Berliner Abgeordnetenhaus, gestern gesagt, eine Sternstunde der Demokratie, inklusive der Anhörungen.*

*Werden Sie die, und also guten Morgen, Walter Jens, auch in so guter Erinnerung behalten?*

Die Anhörungen keineswegs. Die ähnelten eher Tribunalen. Mitglieder wurden beleidigt. Ich bin zum Schluß nicht mehr hingegangen; man läßt sich ja nicht gern verhöhnen. Mit dem gestrigen Ergebnis bin ich zufrieden. Natürlich sind Wunden auf beiden Seiten geblieben, vielfache Beleidigungen, Unterstellungen, aber ich denke an die, die nach 1945 in der Akademie begannen. Mein Gott, wenn wir so pingelig vorgegangen wären, wir wären nie weitergekommen. Der große Schauspieler Ernst Deutsch gab dem großen Schauspieler Werner Krauss, der immerhin Schandrollen gespielt hat, die Hand. Versöhnung hieß das Zeichen der Stunde, und so sollte es auch heute sein.

*Die Geschichte war ja zum Schluß für alle, denke ich, ermüdend. Es war alles gesagt, aber was offenkundig ist: Es kamen ja ganz komische Allianzen, ganz ulkige Interessenslagen zum Vorschein. Glauben Sie, daß die Zeit das wuchernd zuwachsen läßt?*

Das denke ich schon. Wir können ja nur durch Arbeit

überzeugen. In Berlin und – das kam leider etwas zu kurz – auch in Brandenburg. Auch Brandenburg hat jetzt eine Akademie der Künste, also das muß man den Berlinern schon mal ins Stammbuch schreiben, eine neue Berlin-Brandenburgische Akademie.

*Wozu sich unser Landtag schon vor dreieinhalb Monaten ohne Wenn und Aber bekannt hat.*

Der war etwas schneller. Generell möchte ich sagen: In Zukunft ist hoffentlich ein bißchen mehr Rede von der Akademie und nicht von der Leitung. Ich bin bestenfalls der primus inter pares. Und vor allen Dingen ein bißchen mehr Rede von der Kunst und ein bißchen weniger von Spruchkammern und Verwaltungspraktiken und dergleichen mehr. Ich hätte mir gewünscht, man hätte ausführlicher über unsere große Hans-Scharoun-Ausstellung vor zehn Tagen gesprochen. Das war wirklich eine Sternstunde.

*Gleichwohl, Klaus Landowsky schießt Ihnen Vertrauen vor.*

Ja, das ist sehr nett, und wir haben uns freundlich, höflich, nüchtern, sachlich unterhalten können. Ich war mit diesen Gesprächen sehr zufrieden. Wir haben, denke ich, Briefe ausgetauscht, die wichtig waren. Was ich gar nicht akzeptieren kann, ist natürlich, wenn jetzt die Drohung auftaucht: »Wir werden die Akademie beobachten und danach den Zufluß unserer Gelder bemessen.« Also: »Lieber, guter Weihnachtsmann, schau mich nicht so böse an, stecke Deine Rute ein, ich will auch immer artig sein.« Das machen wir nicht. Auf diese Vorschriften lassen wir uns nicht ein.

*Ein schmaler Grat zwischen Haushaltsausschuß und Gedankenfreiheit?*

So ist es. Loyalität ist zu erwarten, Liebedienerei nicht, und Pressionen werden nicht in Empfang genommen.

*Sind wir dem Showdown um Haaresbreite entgangen? Waren Sie zwischendrin – und wann vor allen Dingen – mal soweit abzuwinken?*

Es gibt Beleidigungen, nicht wahr, persönlicher Art, Unterstellungen, nach denen man sagt, vielleicht, es langt, aber insgesamt war ich guten Mutes. Und wenn jetzt einige sagen, mein Gott, das ist doch eine etwas zerrüttete Akademie, kann ich nur sagen – erst einmal hoffen wir, noch manche Mitglieder zurückzugewinnen, neue auch für unsere Arbeit zu erwärmen, und wenn die Akademie so bedeutungslos wäre, dann hätte der Herr Bundeskanzler sich doch wohl nicht mit Verve in die Arena begeben. Nun ja, nun ja, drei Punkte.

*Sie dürfen uns zum Schluß, Verehrter, noch Sinn stiften, wenn Sie eine Vision für die Akademie haben.*

Eine Vision für die Akademie ist: Ost und West gleichberechtigt an einem Tisch. Keine Bevormundung des einen durch den anderen, sondern partnerschaftliches Aufarbeiten der gemeinsamen Geschichte.

# Lesungen mit »Mülliteraten«

Martin Weskott
Pfarrer in Katlenburg, Niedersachsen
14. September 1993

*Auf seinem Weg in die deutsche Einheit hat das ostdeutsche Teilvolk eine Menge an vermeintlichem Ballast abgeworfen, weil – dann läuft es sich schneller. Gottlob haben sich einige gebückt und aufgehoben. Darunter Pfarrer Martin Weskott aus dem niedersächsischen Katlenburg.*

*Guten Morgen, Herr Weskott.*

Guten Morgen.

*Wie viele Bücher haben Sie denn zum Schluß so zusammengetragen?*

Also bisher über 500 000.

*Wie kommt es zu dieser riesenhaften Menge?*

Ja, gleich nach der Wende hat das große Reinemachen begonnen. Aus Buchhandlungen sind die Altbestände einfach auf Container geworfen worden oder eben aus Lagerbeständen auf Müllkippen abgekippt worden. Darunter Werke von Goethe, Schiller, Shakespeare, Stefan Heym und Phaedrus' Lateinische Fabeln.

*Hmm, gar nicht zu reden von den ostdeutschen Autoren selber.*

Genau, und wir haben gedacht, man soll doch die Leute, deren Werke so behandelt worden sind, einmal einladen und sehen, was sie zu bieten haben, und das hat bei uns in der Kirchengemeinde großen Anklang gefunden. Wir haben also Lesungen mit »Mülliteraten«, und da wird morgen der Joachim Walther aus Berlin kommen.

*Sie sind ja nur 'e ganz kleine Gemeinde. Wie viele Seelen haben Sie denn?*

2 500 in drei Dörfern.

*Gleichwohl interessieren sich Ihre Gemeindemitglieder für diese Art von Literatur. Wieviele Menschen kommen denn da so?*

Ja, zu den Lesungen kommen manchmal mehr Menschen als zu Lesungen in Berlin. So zwischen fünfunddreißig und fünfzig.

*In welchen Abständen machen Sie das?*

Wir haben im letzten Halbjahr 1992 damit begonnen. Da sind drei Autoren dagewesen, dann haben wir das im Frühjahr 1993 fortgesetzt. Morgen beginnt eine Lesungsreihe, wo insgesamt sechs Schriftstellerinnen und Schriftsteller zu uns kommen werden.

*Wie kommt es zu diesem kleinen hübschen Erfolg? Haben Sie eine Erklärung dafür?*

Ja, ich bin es eben als Theologe gewohnt, nicht nur Bilder zu betrachten, sondern auch zu fragen: »Was habe ich für Verantwortung?« und dann eben auch einzugreifen und zu handeln. Und so war es damals auch mit dem Bild, das ich in der *Süddeutschen Zeitung* gesehen habe, wo Bücher – wie vom Miststreuer ausgespuckt – auf einer Müllhalde lagen und wir losgefahren sind und die Bücher eingesammelt haben.

*Wird nach der Lesung noch miteinander geredet?*

Ja, wir haben das so gehalten: fünfundvierzig Minuten wird jeweils aus der »Mülliteratur« vorgelesen, und dann schließt sich eine Diskussion von ebenfalls fünfundvierzig Minuten oder länger an. Und da geschieht das, was ja auch für die deutsch-deutsche Einheit und für den Prozeß der deutsch-deutschen Einheit wichtig ist – eben Begegnung und Gespräch und nicht, daß jemand kaputtgeschrieben oder abgewertet wird, sondern daß man versucht, eben einander zu erzählen, was man erlebt hat, welchen Standpunkt man hat.

*Haben Sie bemerkt, daß es Verständigungsschwierigkeiten gibt, daß die Sprache nun doch ein Stück auseinandergerückt ist?*

Zum Teil. Es gibt auf jeden Fall Erklärungsbedarf, und da ist es einfach wichtig, daß man miteinander spricht und nicht nur jemanden abkanzelt, daß es auch möglich ist, Fragen zu stellen, und daß man auch lernt zuzuhören.

# Man soll nicht vermuten, sondern kandidieren

Johannes Rau
Ministerpräsident von Nordrhein-Westfalen
14. September 1993

*Die 1000 Delegierten auf dem Berliner CDU-Parteitag sind ja so was wie 'ne programmrelevante Minderheit. Sie müssen ja, und erst mal guten Morgen, Damen und Herren, von uns grundversorgt werden. Nun habe ich mir namens des Ostdeutschen Rundfunk richtig die Birne gemacht, wie das für Sie passieren kann. Nun, die Delegierten haben's mir leicht gemacht. Sie haben gestern ein bißchen freudlos auf ihrem Kandidaten rumgebissen, und möglicherweise haben wir 'ne Alternative im Ärmel, weil, die sozialdemokratische Parteispitze hat sich gestern zu ihrem Bewerber bekannt.*

*Guten Morgen, Johannes Rau.*

Guten Morgen nach Brandenburg.

*Denken Sie denn unter den CDU-Leuten wirklich noch Proselyten zu machen, oder ist es nur Rhetorik?*

Nein, das ist nicht nur Rhetorik, aber ich will auch keine Proselyten machen, sondern ich will gern für ein Amt zur Verfügung stehen, von dem ich glaube, daß es in den nächsten Jahren sehr, sehr wichtig sein wird, nach innen und nach außen. Ich bin dazu gedrängt worden, und ich habe diesem Drängen dann nachgegeben. Es wird darauf ankommen, ob wir zustande bringen, daß die Deutschen zusammenwachsen. Und zwar nicht nur in Ost und West, sondern auch die Jungen und die Alten. Und es wird darauf ankommen, wie das Bild der Deutschen nach außen wirkt.

*Machen wir mal die Nagelprobe auf die Wahrheitsliebe des möglichen Bundespräsidenten: Wie übel nehmen Sie dem Kanzler, daß er Ihre Kandidatur nicht mehr unterstützt?*

Das Thema ist abgeschlossen. Wir haben vor der Sommerpause darüber manches gehört und auch manches gesagt, aber das hat sich erledigt.

*Bleibt bei Ihnen nicht doch der Geschmack, daß das Amt politisch zu sehr disponibel ist?*

Mir geht es jedenfalls darum, das nicht disponibel zu machen, sondern einfach zu sagen, hier stehe ich ...

*Ich kann nit anders.*

Ja, ich kann ganz anders, aber wer mir seine Stimme geben will, dem danke ich für das Vertrauen, und dann wird man sehen, wie viele Stimmen das sind.

*Wächst auf einem solchen klimatischen Boden zum Schluß wirklich ein guter Bundespräsident? Ist das Amt nicht vorher auf dem Fischweibmarkt schon zerredet?*

Es hat bei den bisherigen sechs Bundespräsidenten sehr unterschiedliche Entwicklungen zur Kandidatur hin gegeben. Wir haben ja mehrere gehabt, die zehn Jahre lang das Amt wahrgenommen haben, das waren drei. Andere, die es nur fünf Jahre wahrgenommen haben, das waren auch drei. Übrigens war nur ein Sozialdemokrat dabei, Gustav Heinemann, der der Großvater meiner Frau ist. Auch das bindet mich ein Stück an die Vorstellung, daß ich das wohl tun könnte.

*Das ist aber kein Erbhof?*

Nein, ganz und gar nicht! Zumal ich ja aus einer bürgerlichen Familie komme.

*Denken Sie, daß die Liberalen mit ihrem Wunschkandidaten noch zu Stuhle kommen oder daß das möglicherweise für Sie dann auch ein bißchen Hilfe wird?*

Ach, man liest da jeden Tag eine andere Vermutung. Ich finde, man soll nicht vermuten, sondern kandidieren.

*Aber Sie sind angetreten in der Überzeugung, zum Schluß kein Zählkandidat zu sein?*

Nicht in der Überzeugung, aber mit der Chance, kein Zählkandidat zu sein.

*Wann werden Sie den Ihren denn, unten in Nordrhein-Westfalen, den Offenbarungseid leisten? Irgendwann müssen Sie ja mal sagen, wie es mit Ihnen weitergeht.*

Am 23. Mai abends.

*Eine eigene Prognose haben Sie nicht, nein?*

Doch, aber die sag' ich nicht.

# Man kann nichts mehr bewegen

Konrad Weiß
MdB Bündnis 90/Die Grünen
14. September 1993

*Für diejenigen, die den Konrad Weiß aus was weiß ich welchen Gründen nicht mochten, war es sonnenklar – spätestens seit dem Tag, da der Mann in sich den Wertekonservativen ausgemacht hatte, war es für den politischen Gegner eindeutig: Den Weiß zieht es an die Raufe, und zwar an eben jene, wo die Mächtigen verkehren. Für manche mag es dann ein Wunder sein, daß er nicht in Berlin auf dem CDU-Parteitag ist, um nun den Mächtigen besonders nah zu treten. Und jetzt passiert es: Versuch und Irrtum. Sie haben sich getäuscht, Damen und Herren, Konrad Weiß geht aus der Politik ganz raus; mindestens mal läßt er sich nicht mehr zur Bundestagswahl aufstellen.*

*Morgen, Herr Weiß.*

Guten Morgen.

*Das ist aber 'ne ganz plötzliche Entwicklung, oder haben wir sie nur nicht mitbekommen?*

Ich denke, Sie haben sie nicht mitbekommen. Ich habe 1990 von vornherein gesagt, ich bleibe vier Jahre in der Politik, und in der Regel habe ich das, was ich gesagt habe, auch eingehalten.

*Aber es ist wohl einiges mehr. Die Politik hat Ihnen offenkundig in Bonn auch nicht viel Appetit gemacht.*

Es hat durchaus Zeiten gegeben, wo mir diese Arbeit auch Spaß gemacht hat, wo ich auch einen Sinn darin gesehen habe. Nach vier Jahren Bonn allerdings bin ich für mich persönlich zur Auffassung gekommen, daß es keinen Zweck hat, in diesem Parlament tätig zu sein, das sich immer mehr zu einem undemokratischen Instrument der Parteien entwickelt, wo es ausschließlich um Parteiinteressen geht.

Ich nenne das Beispiel Somalia. Da ist dem Bundestag ein Beschluß vorgelegt worden, deutsche Soldaten nach

Somalia zu schicken, längst als es vollzogen war, als sie schon dort waren und es halt auch beschlossene Sache durch die Bundesregierung war. Ich habe mich an dieser Abstimmung, die dem DDR-Zettelfalten verdammt glich, nicht beteiligt. Und das ist eines von vielen Beispielen, die mich dann letzten Endes doch bewogen haben, zu sagen: Es gibt sicher auf dieser Erde noch andere und sinnvollere Dinge, als im deutschen Parlament zu sein.

*Das Schlimme ist, Konrad Weiß, Sie sind nicht allein. Paar andere wollen auch nicht mehr.*

Das zeichnet sich ab, daß Ingrid Köppe nicht mehr kandidieren wird, was ich sehr bedaure, weil ich sie als Politikerin sehr schätzen gelernt habe und sie sich wirklich engagiert eingesetzt hat, insbesondere um die Stasi-Aufklärung. Aber das heißt ganz bestimmt nicht, bei der Ingrid Köppe und auch bei mir nicht, daß wir aus der Politik rausgehen, daß wir uns als unpolitische Menschen zurückziehen werden. Wir werden andere Felder suchen, auf denen wir tätig sind. Ich kehre zu meiner eigentlichen Arbeit zurück, zum Schreiben und Filmemachen, und das werden sicher nicht nur – ganz, ganz sicher nicht – unpolitische Filme werden.

*Auch Wolfgang Ullmann, hören wir, steht nicht mehr zur Verfügung.*

Wolfgang Ullmann will, soweit ich weiß, für das Europäische Parlament kandidieren.

*Ist das das Ende? Ist das bei Ihnen Desillusionierung?*

Das ist natürlich Desillusionierung, das ist aber auch wiederum ein neuer Aufbruch. Für mich ist eine Lebensphase damit zu Ende. Ich hätte mir gewünscht, daß ich nach vier Jahren mit dem Glauben aus dem Bundestag gehen kann, oder mit dem Wissen, daß da etwas Lebendiges ist, was sich entwickelt. Ich habe da nur Stagnation und Restauration erlebt, und das kann ich nicht ertragen.

*Durchzuckt es da den Bürgerbewegten, daß hier Goethes Grundsatz gilt: Du denkst zu schieben, jedoch du wirst geschoben?*

Naja, mir war von vornherein klar, daß Bonn ein eingefahrener Apparat ist, wo man als Abgeordneter wie ein neues Rädchen reingesetzt wird. Es kommt darauf an, ob man einfach widerstandslos mitläuft, wie es, glaube ich, die meisten machen, oder ob man sich dagegen sperrt, und dann knirscht es natürlich ab und zu ein bißchen. Ich hab' mich schon sehr lange – von Anfang an eigentlich – dagegen gesperrt, und es hat ja auch oft genug geknirscht. Ich glaube, daß meine eigentlichen Fähigkeiten nun nicht unbedingt darin liegen, im Bundestag Reden zu halten, die ohnehin niemanden interessieren. Andere Parteien, die da drin sind, haben längst ihre Entschlüsse gefaßt, und man kann nichts mehr bewegen. Manchmal konnte man aufgrund dieses Amtes etwas anschieben, das für die Bürgerinnen und Bürger ein bißchen Erfolg gebracht hat, aber meine eigentliche Stärke liegt darin, nachdenklich zu sein und Dinge zu hinterfragen. Das kann ich von meinem Schreibtisch aus oder hinter der Filmkamera viel besser.

*Aber es ist einiges mehr. Wenn Sie und die Ihren jetzt aufgeben, ist dann nicht das herbstliche 89er Bürgerbewegungsideal an der Bonner Prosa zerschellt?*

Ja, ganz bestimmt. Ich denke, daß eine so ursprüngliche Form von Demokratie, wie wir sie in der DDR in der Endphase praktiziert haben an Runden Tischen und auch noch in dem halben Jahr Volkskammer, daß das sicher beispielhaft wäre für das ganze Deutschland. Aber auch das mußte genauso wie vieles andere an dem platten Übernehmen aller westdeutschen Muster scheitern.

*Stolpern Sie zum Schluß nicht über etwas, was sich ganz schnell in so eine Bürgerbewegung reinfressen kann, nämlich Resignation?*

Nein, ich denke nicht, daß es Resignation ist und daß die anderen resigniert sind. Ich denke aber, es ist eine Ernüchterung. Diese Ernüchterung ist gut, und dazu kommt auch, das will ich durchaus eingestehen, daß diese Arbeit dort in Bonn mich – ich kann ja nur für mich sprechen – doch sehr entfremdet hat, daß ich mich sehr entfernt fühle von dem, was hier eigentlich im Land los ist. Es ist nun mal so, daß man als Abgeordneter zu denen da oben gezählt wird, auch wenn ich mich nie so empfunden habe. Dadurch entsteht eine Distanz, und ich leide unter dieser Distanz. Ich möchte einfach hier, in Ostdeutschland, bei den Menschen sein, und das ist, glaube ich, der persönliche Punkt bei meiner Entscheidung.

# Mundharmonikas für die GSG 9

Arnold Kutzli
Teilnehmer an den World Harmonica Championships
15. September 1993

*Ich bin nicht ganz sicher, ob Bobby Dylan, der da eben so schräg ins Horn stieß, bei dem teilnehmen könnte, was wir Ihnen jetzt referieren dürfen, nämlich die Mundharmonikaweltmeisterschaften in Trossingen. Guten Morgen, Arnold Kutzli.*

Guten Morgen!

*Was muß ich denn technisch drauf haben, damit ich wirklich an die Weltspitze des Mundharmonikaspielens vorstoße?*

Ja, also, Sie müssen eine exakte Spieltechnik sowie Gefühlsausdruck und Interpretation drauf haben, korrekte Wiedergabe, Tongestaltung, Dynamik, Tempo und natürlich auch künstlerische Ausstrahlung.

*Ist das auf ein Genre eingeschränkt, also etwa Volkstümeln oder Western? Was wird dort gespielt?*

Das ist eine interessante Frage. Während dieser World Harmonica Championships in Trossingen vom 15. – 19. September wird in sechzehn Kategorien gewertet. Teilnehmer aus zwanzig Ländern der Welt treten an. In der Kategorie sono-chromatisch wird der Weltmeister gekürt.

*Aaa-ha!*

Die chromatischen Mundharmonikas sind außerordentlich anspruchsvoll und lassen natürlich auch entsprechend hohe Interpretationsmöglichkeiten zu.

*Eine chromatische Mundharmonika – sagen wir es mal unter dem Motto: Wie erkläre ich es meinem Kinde? – ist eine, die man nur spielen kann, wenn man wirklich gut ist.*

Mit Halbtönen, nicht?

*'ne achromatische ist das, was wir unseren Kindern so anzudrohen pflegen und womit sie uns dann in der Regel quälen.*

Hahahaha.

*Teilen Sie das außer in Genres auch noch nach Größen auf? Die haben ja einen ganz unterschiedlichen Tonumfang.*

Aber natürlich! Klar!

Sie werden sich nun wundern, weshalb diese Weltmeisterschaften gerade in Trossingen sind. In Trossingen werden seit exakt 135 Jahren Mundharmonikas gebaut, und zwar nicht nur für Kinder, sondern wirklich auch für professionelle Musiker. Darüber hinaus werden Melodieinstrumente, Bass- und Begleitinstrumente, ja Instrumente für ganze Mundharmonikaorchester ...

*Ja, apropos Orchester: Beim klassischen Orchester ist die Mundharmonika natürlich ein Instrument, das draußen vor der Tür bleibt. Leiden Sie an Minderwertigkeitskomplexen?*

Da täuschen Sie sich. Es gibt ganz exzellente, international bekannte Sinfonieorchester, die sich nicht schämen, mit einem Mundharmonikasolisten aufzutreten.

*Aber es ist nicht das Standardrepertoire. Beethoven hat vergleichsweise wenig für ...*

Das nun nicht, aber Sie haben ja auch in anderen Instrumentengattungen nicht nur professionelle Musiker.

*Ist klar!*

*Was darf ich hier lesen? Die Veranstaltung wird vom Bundesinnenministerium gefördert? Das hat aber nicht damit zu tun, daß die Mundharmonika in Zukunft zur Dienstwaffe der GSG 9 wird?*

Nein, nein, aber es zeigt auf der anderen Seite, daß Mundharmonikaspielen durchaus auch einen musikkulturellen Anspruch hat, und zwar weltweit, und das war sicher mit ein Grund, die Musikkultur auch im Bereich Mundharmonika durch eine staatliche Institution zu fördern.

*Welchen Rang nimmt denn Deutschland zur Stunde im Mundharmonikaspiel ein? Ich hoffe einen vorderen.*

Ei, zweifellos einen vorderen. Und zwar, wir haben Anleihen gemacht, haben hier in Trossingen einen exzellenten gebürtigen Japaner ausgebildet. Dieser gebürtige Japaner namens Yasuho Watani, den Sie zweifellos über Ihren Sender gehört oder ausgestrahlt haben, der war Mundharmonikaweltmeister 1989. Er hat in diesem Jahr für die Spitzenkategorie »solo-chromatisch« das Pflichtstück geschrieben und ist einer der wenigen Mundharmonikalehrer der Welt, der an einem Konservatorium unterrichtet.

*Was auch nicht die Norm ist, muß man sagen.*

Aber genau! Aber genau!

*Was empfehlen Sie denn jemandem, der neu einsteigt? Was soll der denn für ein Instrument anlegen? Ich denk' mal, das gibt's in allen Preisklassen. Fängt bei ein paar Pfennigen an ... – wo ist die Latte beendet?*

Die Latte ist beendet bei etwa 3 000 Mark.

*Holla! Wo soll der Anfänger einsteigen?*

Naja, es gibt ganz spezielle Einsteigermundharmonikas, mit darauf abgestimmter Literatur, mit Kassette, so daß der Einstieg relativ unproblematisch ist. Nun haben wir in Baden-Württemberg mit dem Kultusministerium ein Pilotprojekt durchgeführt. Klassen musizieren mit der Mundharmonika, was ganz toll ankam und heute in fünfzig Schulen in Baden-Württemberg bereits praktiziert wird. Jetzt werden Sie fragen, ja, warum gibt's das bei uns nicht?

Ich sage Ihnen, in Friedrichroda haben wir inzwischen ein ähnliches Pilotprojekt begonnen, mit ganz tollem Erfolg.

*Ist es trotzdem nicht ein bissel schwierig, den jungen Menschen als solchen an dieses Instrument ranzubringen? In den Zeiten der Folk-Music, da war das ja noch übern Umweg möglich. Heute setzen sich die Kids doch eher an einen Synthesizer und spielen im besten aller Fälle noch E-Gitarre.*

Meiner Meinung nach, und das zeigt eigentlich auch die Erfahrung der letzten zwei, drei Jahre, geht der Trend weg von diesem synthetischen Klang zum natürlichen Klang. Und die Mundharmonika ist eines der wenigen Instrumente, das einen unwahrscheinlich sensiblen Klang erlaubt. Deshalb ist eigentlich auch bei jungen Menschen die Mundharmonika wieder so unwahrscheinlich in. Sie hören sie ja überall. Sie hören sie in sämtlichen Medien, Sie hören sie inzwischen natürlich auch in kleineren modernen Rock/Pop-Besetzungen genauso wie im Jazzbereich.

# Mehr Mütterlichkeit und Väterlichkeit

Rita Süssmuth
Präsidentin des Bundestages
15. September 1993

*Das Wort von der Politikverdrossenheit macht so die Runde, daß man den Knochen schon fast lassen möchte und ade winkt, weil, jeder beschäftigt sich damit und selten mit Gewinn. Riane Eisler tut das heute zusammen mit Rita Süssmuth. Frau Eisler, das wissen Sie möglicherweise, ist eine Friedensforscherin aus den USA. Interessant wird der Gegenstand, weil da Thesen besprochen werden, die nun wirklich nicht erst mit der Mode in die Welt gekommen sind.*

*Guten Morgen, Rita Süssmuth.*

Guten Morgen.

*Das, was Frau Eisler dort an Thesen vertritt, ist natürlich auch erst mal ein Grundmuster, das nicht neu ist.*

*Also so, wie die Menschheit strukturiert ist, in ihrem Verhältnis zwischen Männern und Frauen, setzt sich das auch in Institutionen und auf Herrschaftsmechanismen durch. Also keine Partnerschaft, sondern Herrschaft. Das ist so neu doch eigentlich nicht?*

Nein, aber neu ist, daß wir zwar viel in den letzten Jahren in den westlichen Demokratien über Partnerschaft geredet haben, auch Gleichberechtigungspolitik betrieben haben – aber unsere menschlichen Beziehungen nicht partnerschaftlich organisiert haben, sondern in hierarchischen Strukturen.

Strukturen, in denen das Überordnungs- und Unterordnungsprinzip eine ganz wichtige Rolle spielt, nicht das kooperative Prinzip. Und dann wundern wir uns, daß Werte wie Fürsorglichkeit, Miteinander, Beteiligung statt Ausgrenzung sich nicht stärker durchsetzen. Wir brauchen eine Partnerschaft, in der wirklich Gleichwertigkeit bei Verschiedenartigkeit praktiziert wird, in der wir nicht »Quotenfrauen« haben, sondern endlich begreifen, daß die

Partnerschaft von Mann und Frau in allen Bereichen konsequent gelebt werden muß.

Mit dem Ruf nach Mütterlichkeit und »zurück ins Haus« ist es nicht getan.

Beziehungen des Miteinanders statt des Gegeneinanders, Gewaltfreiheit statt der Gewalt, muß man in allen Organisationen unserer Gesellschaft zum Grundmodell machen.

Ich würde gerne hinzufügen: Unsere Gesellschaft braucht in der Tat mehr Mütterlichkeit und Väterlichkeit – allerdings im eben beschriebenen Sinne. Wir haben dies öffentlich zu diskutieren, denn es geht viel mehr um moralische Sensitivität und eine Neugestaltung der Gesellschaft, als daß wir in der alten Geschlechterpolarisierung uns weiterhin üben.

*Ist das zu erreichen, wenn man es an den wertekonservativen Pflock legt?*

Ich glaube, der »wertekonservative Pflock« ist es nicht. Aber ein Wertekonzept, in dem Menschen als menschliche Wesen sich frei und verantwortlich und solidarisch und kooperativ füreinander entwickeln können. Es genügt nicht, daß man dies nur im Privaten anwendet und sagt: »Das praktizieren wir zu Hause«. Riane Eisler hält vielmehr dagegen: Wenn wir dies nicht in allen gesellschaftlichen Institutionen zum Grundmuster machen, dann wird diese Welt weiterhin von Gewalt, Krieg, gegeneinander gestellter Unterordnung, also von hierarchischen Strukturen, bestimmt sein. Unsere Kultur wird sich nicht weiterentwickeln.

*Aber bleibt es nicht zum Schluß ein wolkiges Theorem schon allein auf der Basis wirtschaftlichen Showdowns? Da wird doch die eigentlich wahre Sprache gesprochen.*

Ich denke, Sie konfrontieren zu Recht die Wirklichkeit, die wir erfahren, mit dem, was ich gesagt habe. Aber wir brauchen eine Perspektive nach vorn, wie wir's anders machen. Visionen, wie sie in Amerika entwickelt und in vielen Zentren mit der Wirtschaft umgesetzt werden. Alle Veränderungen haben zunächst mit einem Konzept begonnen, und ich denke, es ist allerhöchste Zeit, daß wir dieses Konzept einer neuen Ganzheitlichkeit nicht nur in Büchern traktieren, sondern uns klar machen, daß es fünf vor zwölf ist.

*Behält Nietzsche nicht doch recht in der beobachteten »Umwertung aller Werte« mit allen Konsequenzen? Finden wir uns einfach nicht mehr zurecht?*

Also wir finden uns nicht mehr zurecht, wenn wir in der »Umwertung aller Werte« umkommen und meinen, daß nur das Alte die Rettung der Gesellschaft ist. Es gilt zu fragen: Welche Werte treiben eine Gesellschaft voran im Sinne eines menschlicheren und unser Leben erhaltenden Konzeptes?

# Wer Schaum vorm Mund hat, verliert die Übersicht

Ulrich Roloff-Momin
Kultursenator von Berlin
17. September 1993

*Wenn es auch schwerfällt zu glauben, Herrschaften – das vom Souverän gewählte Berliner Abgeordnetenhaus hat, mit überwältigender Mehrheit übrigens, beschlossen, daß das Schiller-Theater etc. dichtgemacht wird. Bueno. Wir haben es berichtet über Wochen und kommentiert. Der Bote, der die schlechte Nachricht schon seit langem hatte und sie vor sich hergetragen hat, ist kräftig durchgedroschen worden.*

*Morgen, Ulrich Roloff-Momin, Berlinscher Kultursenator, wie fühlen Sie sich denn? The day after, wie sieht denn der aus?*

Ja, guten Morgen, Herr Bertram. Ich fühle mich weder bestätigt noch erleichtert noch sonstwie. Es ist ein Beschluß gefallen, ein notwendiger Beschluß. Darüber kann keiner erfreut sein, das ist sicher ein trauriger Tag. Aber auf der anderen Seite ist es ein notwendiger Entschluß, der dazu beitragen wird, das Berliner Theaterleben insgesamt zu konsolidieren und über die nächsten wirklich sehr, sehr schwierigen Jahre hinwegzuretten.

*Wie furchtbar waren die letzten Wochen für Sie, vor allen Dingen die Nächte? Ließ sich auf diesem Gewissen noch gut schlafen, wo doch einer, der die Kultur befördern sollte, Abdecker ist?*

Ach naja, wissen Sie, das gilt doch nur für zweieinhalb Bühnen, die in den letzten fünfzehn Jahren, wenn man sich mal die Presse ansieht, eigentlich schon gar nicht mehr da waren. In einem Kommentar, ich weiß nicht mehr in welcher Zeitung, ist geschrieben worden: »Die Leiche war gar nicht mehr zu töten, die war schon tot.« Das hab' ich mir nicht zu eigen gemacht, ich will das nur mal darstellen, und – man muß auch klar sehen – die Berliner Nabelschau ist immer noch 'ne andere als die aus der überregionalen Zeitung. Die deutschen überregionalen Zeitungen jedenfalls, wenn man mal eine Bandbreite von der *Süddeutschen* über die *Zeit* bis zur *FAZ* schlägt, da ist das alles sehr objektiv beurteilt worden. Auf einem Gewissen zu schlafen ... – ich habe mir natürlich meine Sorgen gemacht, meine Gedanken gemacht, aber wenn man sich das Berliner Kulturleben insgesamt anguckt, da muß man mal sehen, was eigentlich alles dazugekommen ist.

*Aber wenn einer seine Konterrede mit den Worten eröffnet: »Auf den Knien meines Herzens ...« – das tut doch weh.*

Boleslaw Barlog hat in erster Reaktion zu dem Schiller-Theater gesagt: »Einen Krämerladen kann man nicht aufhalten.« Und ich denke, daß weh tut, was er jetzt zum Schluß gesagt hat. Aber manchmal sind spontane Reaktionen auch die richtigen und ehrlichen Reaktionen, und von daher war diese Reaktion von Boleslaw Barlog nichts anderes als eine Bestätigung dessen, was jedem hinter vorgehaltener Hand in den letzten Jahren auch immer wieder von sachkundigen und kompetenten Thebanern geflüstert worden ist.

*Manche deuten die Reden im Abgeordnetenhaus so aus: Das war der Anfang, aber noch nicht das Ende, das kommt erst noch, da schiebt sich am Firmament drohend noch entschieden mehr zusammen.*

Nein, hier ist der Senat wirklich einer Meinung. Wenn wir so gehandelt hätten, daß wir sagen würden, wir beginnen jetzt und hören irgendwann mit irgendwelchen weiteren Schließungen auf, dann hätte der Senat nicht ein Konzept verabschiedet, wie durch finanzielle Besserstellung die übrigen Theater, was uns zwanzig Millionen D-Mark gekostet hat, in den nächsten fünf Jahren überleben können, wie wir mehr Wirtschaftlichkeit an die Hand bekommen, wie wir die Staatstheater aus dieser wirklich fesselnden Kameralistik entlassen, damit sie mehr unternehmerische Freiheit genießen können. Ich vergleiche diesen Beschluß immer mit einer Notoperation am offenen Herzen der Berliner Kultur, und in dieser Notoperation ist halt mal eine Ader auf der Strecke geblieben.

*Unternehmerische Freiheit? Habe ich das eben richtig gehört? Das ist doch ein fleischgewordener Anschlag auf die deutschen Bühnenverhältnisse. Da war in den letzten Wochen viel die Rede von amerikanischen Verhältnissen, die uns abschreckend in die Bäume gehängt worden sind. Da verreitet ja die Kultur mit barbareiverhängten Zügeln.*

Jaja, aber es ist ..., wissen Sie, wer Schaum vorm Mund oder vorm Gesicht hat, der verliert die Übersicht. Und wenn ich sage, mehr unternehmerische Freiheit, dann meine ich, daß überhaupt erst einmal von der Verfassung her, von den Rahmenrichtlinien für das Theater, die Möglichkeit gegeben werden muß, so zu denken. Bisher ist es doch so: Die Privaten, also die vom Staat bezuschußt werden, dürfen kein Geld einnehmen. Alles was sie einnehmen über dem, was der Staat ihnen gibt, müssen sie abführen. Welcher Chef eines Privattheaters macht sich denn dann Mühe, Geld einzunehmen, wenn er genau weiß, das kassiert der Fiskus? Und bei den Staatstheatern ist es doch genauso. Bei den Staatstheatern werden Einnahmesolls festgelegt. Wenn die nicht erreicht werden, schießt der Staat immer lustig zu. Das hat Berlin in den vergangenen Jahrzehnten ja auch gemacht. Und wenn dieses Einnahmesoll überschritten wird, also wenn der Intendant mehr einnimmt, als er einnehmen soll, ja dann kassiert der Fiskus das. Welcher Intendant hat dann Interesse daran? Das haben wir jetzt grundlegend geändert. Wir haben gesagt, wer mehr einnimmt, als er einnehmen soll, darf es behalten. Und wir haben das Einnahmesoll realistischer festgelegt – und zwar auf dem Durchschnittsbetrag der letzten zwei Jahre, und das waren weiß Gott keine fetten Jahre.

# Deutsche Beamte haben funktioniert

Wolfgang Wippermann
Professor an der Freien Universität Berlin,
Faschismusforscher
30. September 1993

*Der Bundesfinanzhof wird 75 Jahre alt. Dazu hat das oberste deutsche Steuergericht zu einem Festakt gebeten. Der wird bestens besetzt. Leider hat das Gericht, wie viele Institutionen in Deutschland, nicht nur ein durchweg positiv besetztes historisches Kontinuum. Auffällig ist, daß hier erstmals ein Bemühen erkennbar ist, die Zeit zwischen 1933 und 1945 nicht auszublenden. Sabine Leutheusser-Schnarrenberger hat gesagt, das sei ein warnendes Beispiel, es sei eben nicht nur ein Haufen, eine kleine fanatische Gruppe von Nazis gewesen, nein, auch hochqualifizierte Juristen hätten sich beteiligt.*

*Morgen, Wolfgang Wippermann, Faschismusforscher und Professore an der Freien Universität in Berlin, auf welche Weise war denn der damals noch so genannte Reichsfinanzhof eingebunden?*

Alle Finanzbehörden waren eingebunden in die Ausplünderung der Juden aufgrund einer sogenannten Reichsfluchtsteuer, die 1933 eingeführt wurde. Dieses Gesetz wurde angewandt, um die auswanderungswilligen Juden gleichzeitig auszubeuten.

*... An den Worten soll man sie erkennen ... – »Reichsfluchtsteuer«.*

Es war eigentlich eine Maßnahme, um während der Wirtschaftskrise den Abfluß von Devisen zu verhindern. Aber die Nazis haben dieses Gesetz, wie viele andere auch, das in einem ganz anderen Kontext entstanden war, ausgenutzt, um die Juden einerseits aus dem Lande zu ekeln, zu vertreiben, sie gleichzeitig aber auch auszuplündern, damit alles hierblieb. Die meisten Juden sind zum Schluß wirklich bis aufs Hemd ausgeplündert worden, sie hatten dann nur noch zehn Mark, die sie mitnehmen durften.

*Wenn man sich das insgesamt anguckt, dann zeigt das Bild zunächst mal vor, daß diese Behörde wie ein Rädchen in die gesamte Mechanik der Nazis gut reingepaßt hat.*

Ja, und übrigens auch nicht nur bei den Juden, auch bei den Sinti und Roma. Ganz besonders brutal ist – und ich habe auch die Akten gesehen –, daß die Personen, die nach Auschwitz deportiert wurden, für »reichs- und staatsfeindlich« erklärt und dann staatlich sanktioniert ausgeplündert wurden. Das heißt, das gesamte Vermögen wurde vom Staat eingezogen. Bei Sinti und Roma waren das teilweise Pfennigbeträge, die aber immer noch sauber abgehoben und abgebucht wurden, und die Rädchen funktionierten bis zum Schluß vorzüglich.

*Wer hat denn dieser Behörde zugearbeitet? Auf irgendeine Weise muß doch dieses große Steuergericht auch zu seinen Erkenntnissen gekommen sein?*

Ja, es sind die Finanzdirektionen, Finanzämter,und so weiter, wie überhaupt die gesamte Finanzverwaltung.

*Haben Sie Fälle von Widerstand bemerkt? Oder Fälle von Subversion, wo ein Beamter versucht hat, das zu unterlaufen?*

Nein, meines Wissens nicht. Es gibt dafür kaum Belege. Auch in anderen Bereichen nicht. Deutsche Beamte haben funktioniert, und um auf die Festlichkeiten einzugehen: Wenn darauf hingewiesen wird, gerade den heutigen Beamten klargemacht wird, was ihre Vorgänger – natürlich nicht sie selber – gemacht haben, dann kann auf solchen Feierlichkeiten ein Lerneffekt entstehen. Es ist einfach notwendig, daß sie permanent ihre Tätigkeit reflektieren und darüber nachdenken.

Vielleicht noch ein Beispiel: Ich habe gerade einen Examenskandidaten, der über das Konzentrationslager Oranienburg arbeitet. Der war vorher in der Verwaltung. Er kam also aufgeregt in die Sprechstunde und sagte: »Meine Güte, die haben ja genau das gemacht, was ich auch gemacht habe.« Er meinte damit natürlich dieses Rädchensein. Wir dürfen keine Rädchen sein, wo immer wir sind, wir müssen kritisch nachfragen, was wir tun.

*Wie war's denn an der Schnittstelle? Die ist ja hoch spannend, und da ist für die Gegenwart auch was draus zu lernen, obwohl – wie oft gesagt und beklagt – aus beiden Bei-*

*spielen nicht dasselbe zu ziehen ist. Wie also war es, als sich 1950 dieses Gericht neu begründete?*

Ich bin da nicht so ganz der Experte. Aber ich gehe davon aus, daß es dort auch eine Kontinuität gab – wie in anderen Bereichen auch, wie im Rechnungshof, einer anderen Behörde, die besser erforscht ist.

*Hat der Rechtsstaat sich in diesen Fällen eigentlich auch hinter diesem berühmten BGH-Urteil versteckt, oder sind Richter, sind Beamte, die sich an dieser Triebfeder beteiligt haben, irgendwann vom Rechtsstaat mal verfolgt worden?*

Nein, bei der Nachbarbehörde, wenn man so will, dem Reichsrechnungshof, also heute Bundesrechnungshof, gab es eine Art kollektiven Selbstmord in Potsdam, wo die führenden Leute sich umgebracht haben, aber von diesen Ausnahmen abgesehen, gab es das nicht.

*Denken Sie, daß der Hintergrund beispielsweise des Reichsrechnungshofes oder auch des Obersten Finanzgerichts, des Obersten Steuergerichts inzwischen historisch gut ausgeleuchtet ist?*

Der Reichsrechnungshof ist sehr gut aufgearbeitet. Ich habe selber bei der Betreuung und Begutachtung von zwei Dissertationen mitgearbeitet, und der Reichsrechnungshof, auch der vorherige Präsident, war sehr offen für die Erforschung und hat diesen Forschern und auch uns da keinerlei Steine in den Weg gelegt. Ich bin informiert darüber, daß es das jetzt auch für den Bundesfinanzhof gibt, beziehungsweise für dessen Vorläufer. Ich glaube, es ist ein bißchen spät, aber ein Umdenken bei diesen Behörden ist durchaus möglich, das heißt, daß sie sich ihrer Geschichte stellen, dabei die Zeit von 1933 bis 1945 nicht ausblenden, vor allem, weil sie sehen, daß sich mit der Aufarbeitung der Geschichte und dem Bekanntmachen auch bei den heutigen Mitarbeitern ein gewisser Lernerfolg einstellt. Das ist politische Bildung im guten Sinne.

# Normative Klärung sprachlicher Zweifelsfälle

Klaus Almstedt
Germanist an der Martin-Luther-Universität Halle
1. Oktober 1993

*Das gefällt mich jerne. Wenn ich zum Radio gehe und einer fragt mich, wo ich bin, dann sage ich immer noch: »Ich bin beim Radio.«*

*Käme ich aus Wessi-Country würde ich sagen: »Ich bin beim Sender.« Die Beispiele gibt es noch und nöcher. Die deutsche Einheit – ob nun mit Währungsunion oder politisch vollzogen – hat die sprachliche Indifferenz noch nicht beseitigen können. Wenn Sie sich in dem Kauderwelsch nicht mehr zurechtfinden, kann ich Ihnen jetzt Herrn Klaus Almstedt introduzieren, der ist wissenschaftlicher Mitarbeiter im Germanistischen Institut der Martin-Luther-Uni in Halle, und also guten Morgen, Herr Almstedt.*

*Sie tun etwas sehr Hilfreiches, nämlich, Sie haben eine Sprachberatung. Dort kann man Sie anrufen, wenn man nicht mehr durchsieht, nicht wahr?*

Ja, wir sind unter der Nummer 0345/25713 in Halle erreichbar.

*Es gibt ja tatsächlich eklatante Mißverständnisse, zu denen kommen wir gleich. Immer durchgereicht werden die nun wirklich schon gegessenen Beispiele vom Broiler und vom Flieger, und so. Aber sagen Sie uns – ein Wessi würde formulieren: »... sagen Sie uns doch mal eben schnell ...« – noch ein paar andere Beispiele.*

Wir haben ja früher immer gesagt: »zu Weihnachten«, jetzt: »an Weihnachten«. Oder auf den Bahnhöfen kann man statt des: »Zug fährt vom Bahnsteig 3«, »Der Zug fährt auf Gleis 3« hören. Oder auch die Uhrzeit: »drei Viertel acht« und »Viertel vor acht«.

*Jaaa, Verehrtester, der Sekunde sehe ich doch hier immer mit Häme entgegen. Wir haben einen Grundversorgungsauftrag für West und Ost. Ich sag' immer beides: drei*

*Viertel neun und Viertel vor neun. Es gibt ja Leute, die verstehen das nicht.*

Manche müssen dann überlegen, weil sie das eben nicht gewöhnt sind.

*Das hat sich in den vierzig Jahren sehr weit auseinanderentwickelt.*

Ja, natürlich. Das war wie eine Mauer durch die Sprache. Auf diesem Gebiet muß die innere Einigung noch erreicht werden, und das ist ein Prozeß, der erst am Anfang steht. Wir werden weiter mit deutsch-deutschen Verständigungsproblemen zu tun haben.

*Gut, das kann ja der Kanzler per Ukas nicht befehlen und auch 'ne Harmonisierungsrichtlinie der EG ist da nicht besonders hilfreich. Wann ist denn die sprachliche Einheit vollzogen?*

Das ist schwer zu sagen. Es gilt natürlich in den Schulen und in den Verwaltungen noch die 1955 festgelegte Regelung, daß der letzte Duden Gesetz ist. Dann haben wir beobachtet, daß zum Beispiel die Bahnen auch eigene Regelungen vornehmen. Seit Mai darf man nicht mehr Fahrkarte oder Fahrausweis sagen, sondern nur noch Fahrschein. Wobei natürlich die Ausgabe auf den Bahnhöfen immer noch Fahrkartenausgabe heißt.

*Aber ist das, was zum Schluß als ostdeutsche Sprachwendung bezeichnet wird, nicht irgendwo auch eine regionale Sprachbildung, die erhalten bleiben sollte?*

Ja, natürlich. Und da sind ja Einflüsse aus verschiedenen Regionen, aus denen diese Sprache dann hier zu uns rüberkommt. Wenn ich sage: »Ich möchte jetzt nicht frühstücken, weil, ich habe keinen Hunger«, dann kommt das aus dem oberdeutschen Raum, aus Bayern. Wir würden sagen: » ...weil ich keinen Hunger habe«.

*Oder die vorhin schon von mir bemühte Einschleifung: mal eben. »Ich geh' mal eben nach nebenan.« Daran kann man sie in jedem Falle erkennen.*

Ja, oder zum Beispiel: gut drauf sein; abstellen auf; außen vor.

*Mir stellt sich richtig das Nackenhaar hoch, und spätestens in der Sekunde, wo einer der Mitarbeiter kommt und sagt: »Ich bin in 1953 geboren«, verteile ich die Dienstwaffe.*

Ja, das kann man beobachten. Wir haben die Sprachberatung eingerichtet, weil einerseits Bedarf nach normativer Klärung sprachlicher Zweifelsfälle besteht, ...

*Hahahaha ... normative Klärung sprachlicher Zweifelsfälle ...*

... also wenn sich jemand nicht genau entscheiden kann, ob er etwas zusammen oder auseinander schreibt, zum Beispiel »weiterbearbeiten«. Wenn durch den Sprachgebrauchswandel im vereinten Deutschland Kommunikationsprobleme entstehen, die der einzelne Sprachteilhaber nicht mehr allein lösen kann, wendet er sich an die Sprachberatung.

Wir haben den Bedarf auf drei Ebenen. Erstens die zu beobachtende Sprachwandelerscheinung, zweitens die Informationsübermittlung, das heißt, der internationale Austausch, die Fachsprachen, die Anglizismen. Das erschwert natürlich die Produktion von Texten. Drittens – die einzelnen Sprachteilhaber sind ungeübt durch den verstärkten Mediengebrauch, durch Mobilitätszuwachs, also man besucht sich, man schreibt keine Briefe mehr, deshalb geht die Lese-Schreib-Notwendigkeit zurück. Es gibt heute Telefax, Kopieren, und so weiter. Gleichzeitig aber – das ist dieser Widerspruch – müssen sie wirkungsvolle Bewerbungstexte erarbeiten, die auch sie konkurrenzfähig machen. Das alles führt dazu, daß eben dieses öffentliche Interesse an sachkundiger Hilfeleistung immer mehr zunimmt.

*Jetzt lassen Sie uns bitte noch, Verehrtester, im Schlagschatten des Tages der Deutschen Einheit etwas Bejahendes sagen. Haben Sie denn auch schon verbal neue Blasen erfassen können, die Produkte der deutschen Einheit sind? Also ein Wort, das völlig gesamtdeutsch ist und vorher nicht denkbar war?*

Naja, dazu muß ich sagen, wir sind jetzt dabei, erst mal ein halbes Jahr Sprachberatung auszuwerten, um es dann auch für Forschungszwecke nutzen zu können. Auf Anhieb kann ich da nichts Konkretes sagen. Ich hab' mir hier allerdings noch ein paar Beispiele notiert, wie man Wörter mit einer Bedeutungsverschiebung verwendet, die wir eigentlich von früher her kannten.

Ich nenne mal: Zeugnis, Leistung, Freizeit, Optik, Philosophie, Kollektiv. Wenn jetzt hier jemand ein Zeugnis bekommt, so war das früher eine Beurteilung.

*Ich hab' noch eins, das können Sie gleich hinten dranhängen: Dossier. Das wird im Osten völlig anders gewertet …*

Ich hab' da noch 'ne andere Liste mit Ausdrücken aus den Fachsprachen und Fremdwörter.

Zum Beispiel: Discounter, Crashcourse, Overhead-projection, justitiabel.

Aus der Kaufmannssprache: »Das Angebot ist freibleibend.« »Das wird Ihnen gutgebracht.« Oder: Bestellungsurkunde, flächendeckende Versorgung, und so weiter – das ist natürlich jetzt gesamtdeutsch gebraucht, aber für jemanden aus den neuen Bundesländern, der doch abgeschottet war und diesen Entwicklungsprozeß nicht miterlebt hat, ist das etwas, mit dem er nicht gleich etwas anfangen kann.

*Mir schwinden die Sinne, den Haken muß die Gemeinde erst mal ziehen. Besten Dank und guten Tag.*

# Aufforderung zur geistigen Selbstverstümmelung

Uta Ranke-Heinemann
Theologin
6. Oktober 1993

*Der Chef der Glaubenskongregation im Vatikan, Kardinal Ratzinger, hat gestern die seit sechs Jahren bearbeitete und lange erwartete Moral-Enzyklika vorgestellt.*

*Haben Sie denn, und also guten Morgen, Uta Ranke-Heinemann, etwas Neues in dem Schriftsatz gefunden?*

Guten Morgen erst mal. Etwas Neues nicht, nein. Im Gegenteil. In meinen Augen ist diese neue Enzyklika eine Aufforderung zur geistigen Selbstverstümmelung der Theologen. Es wird hier zwar immer gesagt, ja, der Papst spricht ja gar nicht von seiner Unfehlbarkeit, wie bescheiden und wie wundervoll, aber man vergißt zu sagen, daß es sogar in gewisser Weise noch schlimmer ist, denn in dieser Enzyklika wird erklärt, der Papst ist derartig unfehlbar, daß man auch seine nicht unfehlbaren Behauptungen akzeptieren muß.

*Das is' 'ne katholische Arabeske, mit der sich 'n protestantisches Land wie Brandenburg, verstehen Sie bitte, vergleichsweise schwertut.*

Also ich sag's jetzt mal auf Deutsch: Der Papst hat sein Kondomverbot für Aidskranke nicht zum unfehlbaren Dogma erhoben. Aber das hilft überhaupt nichts. Obwohl es kein Dogma ist, muß man es mit Verstand und Willen akzeptieren, steht da lang und breit. Mit anderen Worten: Der Totalitätsrausch der Päpste hat sich damit zu einem geistlichen Delirium gesteigert, nach meiner Meinung.

*Er fährt ja gleich in den ersten Worten: »Veritatis splendor ...«, sechsspännig vor. »Der Glanz der Wahrheit ...« Der schreibt die Unfehlbarkeit nicht rein, aber man kann sie schon rauslesen?*

Ja, es nützt gar nichts, daß von Unfehlbarkeit nicht soviel drinsteht, wenn man selbst das Nichtunfehlbare genauso akzeptieren muß. Ich meine, das ist ja praktisch noch ’ne Steigerung. Selbst wenn der Papst Sachen sagt, die irgendwo kein Dogma sind. Nicht nur werden die Bischöfe aufgefordert, die aufmüpfigen Theologen zu entfernen, die nicht mit diesem Papstkurs zur Empfängnisverhütung und so weiter konform gehen, nein, neuerdings sollen – das finde ich geradezu noch ’nen Punkt rauf – die Theologen selbst sich verabschieden, sozusagen ihre eigene Bestrafung selbst in die Hand nehmen. Als würden Sie von den Einbrechern verlangen, daß die sich morgens am Gefängnistor versammeln und um ihre Einsperrung bitten.

*Für den teilnehmenden Protestanten oder heidnischen Brandenburger ist ja zunächst erst mal auffällig: Er verlangt mehr Sittlichkeit in Politik und anderen Lebensbereichen. Das würde ich doch sofort unterstreichen.*

Ja, ich mein’, ich will nicht behaupten, daß der Papst in den zweihundert Seiten nicht auch einige vernünftige Sätze sagt. Genauso wie im neuen Katechismus steht: Du sollst nicht zu schnell fahren und andere Leute beschädigen, weder im Wasser noch zu Land oder in der Luft. Obwohl ich sage, wer erst im Katechismus lesen muß, daß er nicht im besoffenen Zustand andere Leute totfahren soll, dem ist ohnehin nicht zu helfen.

Wissen Sie, diese ganzen Enzykliken ... Zum Beispiel gab es da eine, die nennt sich zwar nicht Enzyklika, sondern apostolisches Schreiben »Über die Würde der Frau«. Das sind hundertfünfundzwanzig Seiten. Ich sag´ mal kurz den Inhalt. Erster Teil: Jungfrau Maria; zweiter Teil: Maria, die Jungfrau; dritter Teil: Jungfrau und Mutter. So ungefähr.

Ich hab’ schon gedacht, ich muß Schmerzensgeld beantragen, um mich da durchzulesen, weil das eben auch weiterhin so furchtbar langweilig ist. Da verstecken sich dann solche Kröten wie: »Frauen dürfen nicht Priester werden«.

»Glanz der Wahrheit.« Ist ja was Herrliches. Glanz finde ich schön, Wahrheit finde ich schön, und so sind da auch viele Perlen.

Sie sind also auf weiten Strecken am Einschlafen, aber dann wachen Sie wieder auf. Katholische Paare dürfen nach dem Klimakterium der Frau Verkehr haben, weil dann ja keine ... , aber so lang' müssen die schon warten und dem Papst folgen – aber ein aidskranker Bluterkranker, der darf lebenslänglich nicht mit seiner eigenen Frau Verkehr haben, weil ja Kondome eine – eben auch in dieser Enzyklika wieder –, eine Todsünde sind.

*Was hält dieses Gerüst, dieses Gespinst aufrecht? Es kann doch nicht nur die katholische Hierarchie schlechterdings sein? Was ist es?*

Doch, doch. Langsam sind es also praktisch nur noch der Papst und die Bischöfe, die zum Beispiel auch glauben können, daß Maria Jungfrau und Mutter gleichzeitig sein kann, das kann ja sonst kein normaler Mensch.

# Außer Spesen nichts gewesen

Drehorgel-Rolf
12. Oktober 1993

*Immer schönen klaren Kopf behalten, sagt sich auch Bill Clinton, wenn er seine Zigarre, die nicht qualmt, im Munde hat und seine Cola nimmt, in der kein Koffein nicht drin ist. Da kommt ja sogar was raus, was Besonnenes. Nämlich mal umdenken in der Somalia-Politik. Und nun schwankt die deutsche Außenpolitik mit. Was sollen wir wählen? Beharrungssinn oder auch raus aus der Chose? Das ist noch unklar. Vorderhand und möglicherweise sogar ein bißchen vorwitzig hat sich Drehorgel-Rolf, das Original aus Halle, aufgemacht zur Truppenbeschallung mit Drehorgel und Trabi. Noch sind Sie, und also guten Morge, Rolf, noch sind Sie in Djibouti?*

Schönen guten Morgen. Ich bin hier im wahrsten Sinne des Wortes in Djibouti gestrandet, sitze im Büro der Air France, um mich rum ganz nette Leute, und versuche, mich jetzt in geordnetem Rückzug nach Addis Abeba durchzuschlagen, mit 'm Trabi.

*Also das Unternehmen ist genauso wie das des militärischen Einsatzes gescheitert? Kann man das so sagen?*

Auf Grund des Militärs ist das gescheitert. Die Jungs sind noch nicht mal in der Lage, einen fröhlichen Drehorgelspieler abzuchecken, geschweige kommen die hier mit der Situation klar. Sie haben mich einfach zum Feind erklärt, sind als Bürokraten vor den Schrubber gelaufen. Die einzige Möglichkeit, das hat der Konsul gesagt, weil wir jetzt hier in der Tinte sitzen, ist, daß wir hier so schnell wie möglich wegkommen. Das sehen wir ganz lokker. Wir versuchen jetzt, den Trabi aus dem Zoll rauszukriegen. Das scheint uns zu gelingen. Wir haben einen Fremdenlegionär, der die Ecke hier gut kennt. Der ist pensioniert und will uns helfen, nach Addis Abeba zu kommen. Dort verscheuern wir den Trabi, und dann fliegen wir mit irgend so 'ner Ethiopian Airline zurück nach Frankfurt.

*Außer Spesen nichts gewesen. Gottlob findet sich irgendwo immer noch so 'n verdienstvoller Fremdenlegionär, der aus der Malaise raushilft. Waren Sie denn vom Repertoire her auf die deutschen Jungs gut vorbereitet? Was hätten Sie denn für'n Riemen auf die Orgel gelegt?*

Natürlich »Gefangen in maurischer Wüste« und »Lili Marleen« und so was. Ich bin international vorbereitet, für jede Situation. Aber die Jungs sollten das ja nicht hören, haben ihre Köppe beschlossen.

*Was hatten Sie denn dabei im Sinn? Wehrkraftertüchtigung?*

Ach, naja, es gibt eigentlich drei Sachen. Die Jungs, die wir hier treffen, die sind ja auch alle ganz nett. Und wie die hier rumhängen! Die brauchen natürlich auch Abwechslung. So war's gedacht. Das Ding hieß: Wir halten Kontakt.

Das zwote war, wir hatten ja auch für UNICEF gesammelt, da sind noch über 2 000 Mark zusammengekommen, und das dritte: Wir wollten natürlich auch Abenteuer erleben.

*Das ist komisch. Die außenpolitischen Manöver, selbst im kleinen, irgendwie laufen die immer gegen den Baum. Pech gehabt?*

Nee, warte mal. Unsers läuft nicht gegen den Baum. Es läuft hervorragend. Wenn du dir die Videos vom Hardy Krüger oder so was reinziehst – das will doch jeder mal erleben. Und wir sind gerade so mittendrin.

*Prima. Hoffentlich kommt ihr auch wieder mitten raus. Das war Orgel-Rolf. Besten Dank und guten Tag nach Djibouti.*

# Knapp unter Erdbeben

Günter Verheugen
Bundesgeschäftsführer der SPD
12. Oktober 1993

*Zu den undankbaren Aufgaben von Generalsekretären bei Parteien, auch wenn sie wie im Falle der SPD Bundesgeschäftsführer heißen, gehört es nun mal, Scherbenhaufen zusammenzukehren. Wie war denn das eigentlich anno dunnemals, wollen wir uns mal gemeinsam erinnern, als die Partei sich – gelegentlich des Neuanfangs mit der Spitze im Juni – laut Mut zusprach? Wie hieß das? »Anwalt der kleinen Leute«?*

*Na dann, und also guten Morgen, Günter Verheugen, Bundesgeschäftsführer der SPD, kehren Sie mal schön. Können Sie einem Rentner im Osten sagen, warum er Sie nächstes Jahr noch wählen soll?*

Aber selbstverständlich. Das Rentenüberleitungsgesetz, das die Sicherheit der Renten in Ostdeutschland hergestellt hat, ist ja nur mit Hilfe der Sozialdemokratischen Partei überhaupt möglich gewesen. An diesem Gesetz ändert sich nichts. Es bleibt bei dem, was beschlossen worden ist, es gibt keine Änderung der Rentenformel.

*Was haben Sie denn dem Genossen Lafontaine gestern so gesagt?*

Es hat gestern beim Vorstand eine sehr lebhafte Debatte gegeben, und das ist das Thema ja auch wert. Ich glaube kaum, daß es im Moment etwas Wichtigeres gibt als die Frage, wie die schnelle Angleichung der Lebensverhältnisse in Ost und West realisiert werden kann.

*Sagen Sie, »lebhaft«, ist das auf der Temperamentmeßlatte das richtige Wort dafür? Oder wollen wir es lieber »verärgert« nennen?*

»Lebhaft« ist auf der politischen Meßlatte schon sehr hoch. Knapp unter Erdbeben.

*Können Sie mir diese Harakiri-Neigung in Ihrer Partei erklären? Ich versuch's ja immer zu begreifen.*

Ich glaube, daß Oskar Lafontaine deutlich überinterpretiert worden ist. Er hatte ja auf etwas hingewiesen, was im Osten jeder weiß: Nämlich daß in den nächsten Jahren die Realeinkommen nicht so steil ansteigen werden, wie das in den letzten Jahren der Fall war.

*Das ginge ja, lieber Herr Verheugen, gerade noch so mit Ach und Krach durch, dann kam aber das Ding mit den Renten, und das war auf die Zwölf gehauen.*

Da hat er auf einen Punkt hingewiesen, der ja auch bekannt war, nämlich daß wegen der unterschiedlichen Rentenbiografien – in Ostdeutschland waren über neunzig Prozent der Frauen berufstätig, im Westen waren das wesentlich weniger – Frauen zum Teil höhere Renten bekommen als in Westdeutschland. Das haben wir aber gewußt, als wir dieses Gesetz gemacht haben, und wir haben auch gewußt, daß es gegenüber vielen Frauen in Westdeutschland eine Benachteiligung darstellt, weil deren Kindererziehungszeiten und so weiter ja nicht bei den Rentenbiografien mit angerechnet werden. Das läßt sich aber nicht ändern, und darum hat es auch wenig Sinn, diese Sache noch einmal zu thematisieren, sondern worauf es jetzt ankommt ist, daß wir die eigenständige Alterssicherung der Frauen so schnell wie möglich auch im Westen realisieren.

*Ja trotzdem. Es muß Sie doch in Ihren eigenen Reihen ärgern, daß Ihnen einer unberufen die Parteibutter vom Brot nimmt. Sie wollten doch was anderes tun. Das haben Sie auch getan. Sie haben Ihren Leitantrag in Wirtschaftssachen für den Parteitag vorbereitet, bloß da schert sich keiner mehr drum.*

Es wäre diese Auseinandersetzung vielleicht nicht nötig gewesen, aber es hat für mich keinen Sinn, darüber zu jammern, daß man auch Auseinandersetzungen führt, die man in der Vergangenheit ja schon längst geführt hat.

Der entscheidende Punkt ist der, daß der Parteivorstand gestern, mit Zustimmung von Oskar Lafontaine übrigens, die Punkte noch einmal ganz deutlich bekräftigt hat, die für die Menschen in Ostdeutschland notwendig sind. Nämlich daß wir die Bekämpfung der Massenarbeitslosigkeit in den Vordergrund stellen, daß wir eine gerechte Finanzierung der deutschen Einheit wollen. Das ist auch für die Menschen im Osten wichtig, daß die Finanzierung gerecht ist, daß die Grundlagen der sozialen Sicherheit erhalten bleiben.

*Sind die Ost-SPDler wieder beruhigt?*

Ich glaube schon. Ich glaube, daß sie mehr als zufrieden nach Hause fahren konnten gestern abend.

*Ist die nächste Turbulenz schon wieder Programm, wenn abgestimmt wird über den Regierungssitz Berlin in Ihrer Fraktion?*

Das ist wie beim Wetter. Solche Turbulenzen können Sie nicht programmieren.

*Wann kommen Sie denn mit Ihrer Partei zu Potte, was die Umzugsfrage angeht?*

Die Umzugsfrage steht frühestens nächste Woche auf der Tagesordnung, wenn der Bundestag wieder zusammentritt. Nun glaube ich allerdings nicht, daß die Umzugsfrage eine so gravierende Bedeutung für die Entwicklung der Lebensverhältnisse in Ostdeutschland hat, wie die Frage, die wir eben diskutiert haben.

*Haben Sie bei Ihren Genossen, die aus dem Osten kommen, schon mal nachgefragt? Die sehen das sicher ein bißchen anders.*

Wir sind auch da in intensivem Kontakt, und es ist ja vollkommen klar: Dieser Beschluß des Bundestages von 1991 soll, wird und muß realisiert werden.

# Der Aufschwung hat einen Namen

Rolf Böhmer
Manager des Golf-Clubs Motzen
25. Oktober 1993

*Sie müssen sich, Herrschaften, schon der Heiligen Vierfaltigkeit verpflichtet fühlen, sonst sind Sie im nächsten Beitrag nämlich gar nicht gemeint. Die Vierfaltigkeit besteht aus: Leistung, Anspruch, Reputation und Eigentum. Dann gehören Sie zu jenen, die der Golf-Club Motzen im Auge hat und für die, wie in der Motzener Bulle schon nachzulesen ist, »... die Zeiten der Entbehrung ...« endgültig zu Ende sind.*

*Morgen, Rolf Böhmer, Sie sind der Manager des Golf-Clubs in Motzen. Wenn mein Intendant neue innige Bindungen zwischen mir und dem Sender herstellen will und er will mir 'ne Aktie schenken, was muß er doch gleich ans Bein binden?*

Ja, zunächst einmal guten Morgen Ihren Hörern. Ans Bein binden müßte er sich, um auf der Motzener Golfanlage Aktionär zu werden, im Moment 55 000 D-Mark als Aktie und würde damit Miteigentümer der Anlage.

*Das wird ihn, nehme ich an, in Grübellaune bringen und in Bewegung setzen. Was hat er dann damit erworben außer dem Eigentumsrecht?*

Er hat damit erworben, daß er auf einer sehr hochwertigen Anlage Golf spielen kann. Er ist Miteigentümer der Anlage, er ist Miteigentümer des Clubhauses. Er kann seine Freizeit sinnvoll gestalten.

*Aber immer gesetzt den Fall, daß ihm Leistung, Anspruch, Reputation und Eigentum soviel wert sind.*

Er müßte sich eventuell mit der Konzeption dieser Anlage und der Ideologie identifizieren oder müßte sagen: »Jawohl, da fühle ich mich zu Hause.«

*Ja, da wollen wir mal schauen, wie die Ideologie aussieht. Sie gehen ja davon aus, daß dem Wirtschaftsstandort eine dröhnende Zukunft bevorsteht, also dem in Berlin und in Brandenburg. Sonst käme die Klientel bei Ihnen gar nicht zueinander.*

Nun ja, das ist richtig. Man ist davon ausgegangen bei der Konzeption dieser Anlage in Motzen, daß die Wirtschaft in den Süden von Berlin zieht, daß die Nähe zum Flughafen Schönefeld gegeben ist, zwanzig Minuten, und daß Menschen, die nach Berlin kommen, um hier ihre Geschäfte zu tätigen, ob es nun Kultur, Sport oder Wirtschaft sind, daß sie vor den Toren Berlins sinnvoll und in einem entsprechenden Ambiente ihrer Freizeit und ihrem Business nachgehen können.

*Das klingt ja so richtig nach Knack und Arristo. So mancher quadratschädlige Gemeinderat denkt sich ja: »Wenn ich ganz Brandenburg zu 'nem Golfplatz umfummle, dann kommen zum Schluß Steuern und Arbeitsplätze raus.«*

*Sie haben ja auch Arbeitsplätze geschaffen. Da gibt's Motzener Balljungs bei Ihnen – oder wie heißen die richtig?*

Wir haben die Gemeinde Motzen in unsere Konzeption voll mit einbezogen. Wir haben gute vierundzwanzig Arbeitsplätze in Motzen geschaffen mit unserer Anlage. Wir haben inzwischen, worauf wir besonders stolz sind, vierzig Jugendliche im Alter von zehn bis siebzehn Jahren für den Golfsport begeistern und motivieren können. Sie sind hier als Caddie tätig, und wir gehen davon aus, daß wir dort den einen oder anderen mal herausfischen können, der den besonderen Biß und den Hang zum Golfspielen hat, und ihn fördern können. Wir haben es in den letzten zwei Monaten geschafft, aus irgendwelchen Turnieren Erlöse herauszuwirtschaften, und den Caddies die ersten Golfausrüstungen zur Verfügung stellen können.

*Entzückend. Ich bin gerührt. Bevor er so richtig an den Start kann, muß der Caddie einen Katechismus bei Ihnen beherzigen, in dem steht drin: »Immer der erste am Loch, Schnauze halten und möglichst keine Jeans.«*

Na gut. Das ist die Etikette im Golfsport. Das ist ein Sport, der in sehr viel Ruhe abläuft und mit sehr viel Konzentration. Der Spieler muß sich auf seinen Schlag konzentrieren. Ob es jetzt beim Abschlag ist oder beim Einlochen.

*Wie paßt das mit Ihrem Wahlspruch zusammen, den Sie ja ganz oben drüberziehen: »Playing golf while talking business«?*

Wissen Sie, wenn wir Bahnlängen von sechseinhalb Kilometern haben, um eine Runde zu bewältigen, dann sind das insgesamt etwa zehn Kilometer. Da bleibt auch genügend Zeit, um sich miteinander zu unterhalten. Und dann haben wir ja noch das berühmte neunzehnte Loch, nämlich das Clubhaus. Dort kann man nach einer erfolgreichen Runde mit Sicherheit und entspannt miteinander reden.

*Jetzt kommt der konfessionelle Teil unseres Gesprächs: Loch acht. Alle schwärmen von Loch acht. Weil, da wirft man den Blick, wenn man Zeit hat, aufs Motzener Gotteshaus. Das ist aus Ihrer Kasse sogar neu verputzt worden, nicht wahr?*

Das möchte ich jetzt im einzelnen nicht präzisieren. Wir haben uns hier, und das ist einfach Aufgabe eines jeden Investors in den neuen Bundesländern, engagiert, und man hat versucht, da zu helfen, wo es am notwendigsten war, aber wir sind natürlich stolz auf unsere Kulisse. Bei uns ist jedes Golfloch anders dargestellt, und wenn man auf das achte Loch kommt, hinunter auf das Panorama und auf die Dorfkirche von Motzen schaut – das bleibt allen Golfern sehr gut in Erinnerung, und das ist etwas Schönes.

*Dorfkirche. Das baut mir die goldene Brücke zum Premierminister. Der kommt heute zu Ihnen, weil Sie das große deutsche Turnier fürs nächste Jahr der Öffentlichkeit nahelegen wollen. Wo steht er? An Loch acht oder Loch neunzehn?*

Zunächst wird er an Loch neunzehn begrüßt, der Ministerpräsident. Es wird heute auch Herr Langer dasein, es werden Vertreter des Hauptsponsors Mercedes hiersein. Wir sind natürlich sehr stolz und haben mit Freude die Entscheidung vernommen, daß die Golfanlage in Motzen auserwählt wurde für die »Masters 1994«.

Das ist für uns ein Beweis, daß wir eine gute Anlage gebaut haben hier in Motzen und daß diese Anlage alle Erfordernisse und Anforderungen erfüllt, die an internationale und hochkarätige Turniere gestellt werden.

*Ich hätt' noch 'nen Headliner für Sie hintenraus. Wenn ich dafür 'ne Aktie bekomme, haben Sie den umsonst: »Golf-Club Motzen – der Aufschwung hat einen Namen«.*

Das werden wir gerne überdenken.

# Optische Feldvorteile

Eckehard Baum
Ingenieur
27. Oktober 1993

*Nicht fürchten! Das Gespenst des Kommunismus geht gerade nicht um im Deutschen Bundestag, aber an einer Stelle sind die Damen und Herren Abgeordneten penibel und anspruchsvoll – was nämlich ihr Erscheinungsbild auf dem Podium, auf der Rednertribüne angeht. Das schreit nach Gleichmacherei. Es kann nicht sein, daß der Abgeordnete Detlef Kleinert einen Zentimeter größer ist als der Kanzler und daraus optische Feldvorteile zieht, und außerdem muß Oskar Lafontaine ja wenigstens am Rednerpult mal auf die Größe des Kanzlers heranwachsen.*

*Dazu hat sich Eckehard Baum was einfallen lassen.*

*Morgen, Herr Baum in Braunschweig. Sie und Ihr Ingenieurbüro haben eine Rednertribüne für den Bundestag konzipiert, die dieses Problem löst.*

Guten Morgen, Herr Bertram, guten Morgen, liebe Hörer. Wir haben eine höhenvariable Einrichtung geschaffen, so daß die Abgeordneten immer auf der Höhe sind, das heißt von dem größten Bundestagsabgeordneten bis zum kleinsten Rollstuhlfahrer fährt das Pult automatisch in die richtige Höhe.

*Das ist ein Auftrag, der ist Ihnen zugegangen und hat offensichtlich besser geklappt als die Tonanlage.*

Ja, also solche Dinge gehen einem nicht zu. Ich habe diesen Auftrag deshalb bekommen, weil ich diese Probleme, die es im Bundestag gab, mitbekam und mich dann hingewendet habe. Ich konnte die Leute davon überzeugen, daß man das auch richtig und ergonomisch günstig machen kann.

*Sie haben die also auf den Trichter gebracht, und die Damen und Herren haben mit Dank zugegriffen?*

So ist es.

*Was haben Sie denn für Schwierigkeiten gehabt? Gibt's so 'ne Art Rahmen, den die Software mitkriegen mußte? Bei-*

*spielsweise wenn der Kanzler knapp vor Bad-Hofgastein wieder Gewichtsprobleme hat, sinkt der dann ein Stückchen runter?*

Nein, also das Zusammensinken des Kanzlers durch das Gewicht ist relativ gering. Es gibt Schwankungen je nach Tageszeit. Ich nehme an, daß der Kanzler morgens fünfeinhalb bis sechs Zentimeter größer ist als am Abend. Aber das können wir mit dieser Steuerung sehr gut auffangen.

*Wie kontrollieren Sie denn das, ob der Kanzler schrumpft oder beispielsweise Herr Lafontaine morgens ein bißchen größer ist?*

Wir haben eine sehr einfach zu betätigende Schaltung entwickelt. Jeder Saaldiener, jeder Redner begreift das. Man braucht einfach nur seine Körperhöhe zu wissen, streicht hinten die letzte Zahl weg und hat dann die richtige Taste. Wenn Sie das am Beispiel des Kanzlers haben wollen: Der ist 1,94. Er streicht hinten die 4 weg und drückt die Taste 19, dann ist er auf der Höhe.

*Konnten Sie 'ne Art Wahrheitssimulationsprogramm in Ihre Software integrieren? Das heißt, wenn ein Abgeordneter lügt, sinkt er ein Stück herab?*

Nein, die Abgeordneten betätigen die Tasten normalerweise nicht selber, sondern vom Botentisch, also von einer Fernsteuerung aus, werden die Höhen richtig eingestellt, wobei der Abgeordnete dann immer Korrekturmöglichkeiten hat.

*Wenn der Abgeordnete ein bißchen mogelt und sein Erscheinungsbild optisch verbessern möchte, weil er inhaltlich ein bißchen schwunglos ist, kann er sich größer machen, als er ist?*

Er kann sich scheinbar größer machen, indem er das Pult niedriger bringt, aber dann geht ihm wahrscheinlich sein Manuskript nach unten weg, und er kann's nicht mehr richtig lesen.

*Haben Sie das Gefühl, daß es kleinere Menschen auch sicherer macht, wenn die dann am Rednerpult mal so richtig den Larry raushängen lassen können?*

Die Sicherheit hängt natürlich davon ab, daß man richtig ins Bild gesetzt wird, daß man auch über das Pult hinwegblicken kann. Das war bisher nicht ideal. Wir haben das jetzt, wie gesagt, auch für Rollstuhlfahrer so ideal lösen können, daß jeder da auf der gleichen Höhe ist, das heißt auch die gleichen Chancen hat.

*Was hat denn den Deutschen Bundestag der Spaß gekostet?*

Das hängt davon ab, was Sie alles mit einbeziehen. Da sind also raffinierte Sachen nachträglich noch eingebaut worden, daß man beispielsweise bei Stromausfall auch damit arbeiten kann. Sie können damit rechnen, daß eine fünfstellige Summe dabei herauskommt.

*Und das ist eine Einzelentwicklung? Denn jetzt wird ja jeder Landtag nach Ihnen schreien, was Ihnen sicher recht sein dürfte.*

Ja, wir stehen bereit, auch andere Rednerpulte zu machen. Das war hier eine spezielle Anforderung, weil eben die geometrischen Gegebenheiten des Neuen Bundestages ganz besondere waren. Wir hatten viel damit zu kämpfen, Schallprobleme in den Griff zu kriegen, aber das ist gelungen. Das kann ja jeder allabendlich am Fernseher beobachten.

*Was aber dem Bundestag recht ist, kann ja jedem Gemeinderat irgendwo billig sein.*

Ja, das Problem dabei ist einfach nur, daß die Kassen der Städte, der Gemeinden relativ leer sind. Wir müssen einfach unsere Kosten bei der Geschichte auch decken. Interessenten haben wir bereits gefunden. Es gibt genug, nur wir müssen eben sehen, daß die Arbeitskräfte, die dabei beschäftigt sind, auch ihr Geld bekommen. Der Haken liegt im Grunde bei den Engpässen in den Finanzen.

*Naja!! Ist ja kurz vor Jahresende. Da findet der eine oder andere noch was in der Kriegskasse. Wer interessiert sich denn so?*

Das sind zum Beispiel große Kulturzentren, die Rednerpulte brauchen. Dafür machen wir dann normalerweise fahrbare Rednerpulte, damit die von einer Person leicht weggeschafft werden können, weil die Nutzungen immer unterschiedlich sind. Es geht im Prinzip vom kleinen höhenvariablen Rednerpult bis zur großen Anlage, wie im Bundestag. Wir machen aber auch für Lieschen Müller Tische. Beispielsweise Tische, wo man leicht den Wechsel zwischen Stehen und Sitzen vollziehen kann.

*Auch Modelle für Büttenredner im Rheinland?*

Das läßt sich im Prinzip auch machen, da haben wir aber noch keine Anfragen, da ist die Saison noch nicht soweit.

*Haben Sie festgestellt, daß gerade im deutschsprachigen Raum eine besondere Affinität zum Reden besteht, oder kommt auch eine Klientel von draußen?*

Also wenn Sie an den Hyde-Park in London denken: Da stellen sich die Leute einfach auf eine Kiste, das geht auch. In Deutschland muß das alles ein bißchen besser gefaßt sein, da müssen sich die Leute rechts und links an einem schönen Griff am Rednerpult festhalten. Es ist letztlich eine Frage des Komforts, im Prinzip ist es aber sonst überall gleich.

# Das schreckliche Wort »Buschzulage«

Werner Hagedorn
Bundesvorsitzender des Deutschen Beamtenbundes
23. November 1993

*Heute beginnt im Deutschen Bundestag die Haushaltsdebatte. Debattiert wird, wie man haushalten soll; denke ich mal, steckt ja in dem Wort drin. Wo kann man haushalten, wo greift man zuerst hin? Natürlich da, wo der Öffentliche Dienst ist, wo die Beamten sind, und wir suchen uns heute ein ganz spezielles Schnäppchen raus. Auf das hat uns der Bund der Steuerzahler geschoben. Eine Geschichte, die nicht neu ist. Sie ist schon 'ne Weile im Meinungsofen.*

*Also, da sind Beamte, die sind aus dem Westen rübergekommen in den Osten. Die kriegen eine sogenannte »Schmutzzulage«. Wenn man die wegstreichen würde, riefe das, nehme ich mal an, den Chef des Deutschen Beamtenbundes, Werner Hagedorn, auf den Plan. Guten Morgen, Herr Hagedorn.*

Guten Morgen.

*Da gehen ja ulkige Zahlen rum. Was bekommen denn die Beamten tatsächlich obendrauf, wenn sie in den Osten gehen?*

Das ist eine Zulage, die gewährt wird für Wessis, die sich für den Aufbau im Osten zur Verfügung stellen, für Beraterdienste und für Verwaltungsdienste. Das war eine Zulage, die hat mal angefangen mit einem Betrag zwischen 1 600 und 2 500 D-Mark und ist in den letzten Jahren ganz wesentlich abgeschmolzen worden. 1994 soll eine weitere Abschmelzung erfolgen, so daß hier nur noch ein Restbetrag übrigbleibt. Dieser Restbetrag, oder diese Zulage überhaupt, soll eben die besonderen Kosten erstatten, die im Osten für diejenigen auftreten, die dort hinübergehen.

*Wieviel wird 1994 noch übrigbleiben?*

Es wird übrigbleiben ein Betrag zwischen 660 und 900 D-Mark.

*Welche besonderen Kosten hat denn ein Beamter, der hier rüberkommt, die er nicht ohnedies irgendwo von seiner Dienststelle wiederkriegt?*

Nun, er muß sich ja eine Wohnung nehmen, beispielsweise, er muß Miete bezahlen, er hat Familienheimfahrten, er muß hier seinen Arbeitsplatz verlassen, in eine neue Umgebung hineingehen. Es ist ja eine Zulage, wie sie auch in der privaten Industrie völlig üblich ist.

*Aber die Heimfahrten kriegt er doch extra bezahlt?*

Die kriegt er extra bezahlt, das ist richtig.

*Da kommt doch hintenraus ganz schön was zusammen, was der Steuerzahler und dessen Lobby, der Bund, dann beklagt. Die sagen dann vom Bund der Steuerzahler: Das ist entschieden zuviel.*

*Und jetzt versuchen wir mal, das Ding auseinanderzunehmen. Also ein Beamter als solcher, ein Diener des Staates – wir haben uns beide schon mehrfach darüber gezankt, daß Leute Beamte sind, die meiner Meinung nach gar keine sein sollten –, muß ein Beamter nicht dort hingehen, wo der Staat ihn hinschickt, Punkt?*

In der Regel ja. Aber wir haben ja drei Ebenen von Beamten oder öffentlichen Dienstgebern. Wir haben den Bund, die Länder und die Gemeinden. Und Sie können nicht einen Gemeinde- oder Länderbeamten ganz einfach irgendwo gegen seinen Willen hin versetzen. Beim Bundesbeamten ist es anders, der kann im gesamten Bundesgebiet Verwendung finden.

*Also könnte man den Bundesbeamten die Zulage schon mal ein bissel wegnehmen?*

Theoretisch ja. Ich weiß bloß nicht, ob das 'ne glückliche Handhabung wäre.

*Warum nicht?*

Sehen Sie, ich habe in den letzten drei Jahren beim Aufbau im Osten die Erfahrung gemacht, daß das dort eine ganz andere Tätigkeit ist, als sie hier im Westen üblich war. Es müssen mehr Stunden gemacht werden, es wird am Wochenende gearbeitet, es ist eine ganz, ganz andere Arbeit. Ich habe das immer mit einer Pionierarbeit verglichen, die geleistet werden muß, denn wir mußten ja in wenigen Jahren völlig neue Verwaltungsbereiche regelrecht aus dem Boden stampfen.

*Sie meinen so 'ne Art Wildnis, so 'ne Art Tierheim?*

Das meine ich überhaupt nicht. Deshalb wehre ich mich auch immer, immer wieder gegen dies schreckliche Wort »Buschzulage«, weil draußen der Eindruck damit verknüpft wird, die gehen also irgendwo in die Wildnis oder in den Busch. Das ist um Gottes willen überhaupt nicht so.

*Der Beamte kommt also hier rüber, getragen von seiner patriotischen Pflicht?*

So ist es.

*Ehrlich, ja?*

Ja, nun sicherlich ist das ein Stück ... Ich hab' viele, viele gesprochen, die sagen, uns reizt das. Uns reizt dieses Neue. Uns reizt dieser Neuaufbau, das ganz neue Gefühl des Anfangs. Wir wollen mal wieder etwas anderes tun. Das hat viele dazu bewogen, in den Osten hineinzugehen.

*Sie sagen, daß der Bundesbeamte – na gut, da vermag ich Ihnen zu folgen – noch höheren Zwecken als der Landes- oder der Kommunebeamte unterliegt, richtig?*

Ja, nein, er ist anders einsetzbar. Der Bundesbeamte ist eben im ganzen Bundesgebiet einsetzbar und versetzungsfähig, während ein Länderbeamter – ich nehme mal hier das Beispiel Nordrhein-Westfalen – Beamter dieses Landes ist und nicht ohne weiteres nach Bayern oder nach Thüringen oder nach Mecklenburg-Vorpommern versetzt werden kann.

*Ist ja in Ordnung. Aber warum ist denn dann den Beamten im Innenministerium diese Erleuchtung bis dato versagt geblieben, wenn die nach Berlin rüber sollen und die produzieren erst mal Riesenlisten mit Kosten?*

Ja, nun, die Kosten für den Umzug nach Berlin müssen ja irgendwo mal festgehalten werden.

*Jaja! Sie wissen genau, Verehrtester, welche Kosten ich meine. Das was die selber kosten, wenn sie kommen.*

Ja, gut und schön, sicherlich. Aber auch das ist ja ein Ding, was wir erstmals in dieser Größenordnung überhaupt produzieren. Ich habe letzte Woche schon gesagt, hier wären ja nicht nur einige wenige Beamte mit ihren Familien betroffen, sondern hier wären 20 000 Menschen betroffen.

*Aber der Kanther hat doch schon genau gewußt, warum*

*er da schnell den Deckel draufschiebt. Das, was da auf dem Zettel stand – finden Sie nicht auch, daß das ein bissel heftig war?*

Nun, das muß ich jetzt erst mal richtigstellen. Das sind doch Überlegungen einer Arbeitsgruppe gewesen, die sich natürlich über alles Gedanken macht und alles zusammengetragen hat. Das ist doch überhaupt noch kein Gesetzentwurf oder etwas Ähnliches gewesen.

*Aber das zeigt doch eine gedankliche Richtung an, und die halte ich für betrüblich.*

Ja, nun, sicherlich. Darüber kann man ja auch reden, nur: Es kann sich ja auch niemand schlechter stehen, wenn er nach Berlin geht, als wenn er in Bonn oder sonstwo säße. Das betraf ja – ich muß das auch mal sagen – nicht nur den Umzug von Bonn nach Berlin hin, sondern auch von Berlin nach Bonn, von Frankfurt nach Bonn, oder sonst irgendwo hin. Das war ja alles mit da drin.

# Santa Claus aus der Pfalz

Werner Mezger
Volkskundler an der Universität Freiburg
6. Dezember 1993

*Alle Jahre wieder wärmt uns gleichermaßen das Herz, was unsere Rangen in schönste Aufgeregtheit versetzt – der 6. Dezember, Nikolaustag. Alles stürzt frühmorgens erst mal zum Schuhwerk, und siehe, wenn's frisch geputzt ist, steckt ja sogar was drin. Spätestens seit Sie in die Jahre gekommen sind, meine Lieben, wissen Sie, daß es der Nikolaus selbst nicht gewesen sein kann. Wer es war, und also guten Morgen, Werner Mezger, Volkskundler an der Universität Freiburg, können Sie uns nicht sagen, aber wer hinter dem Nikolaus steht, sehr wohl. Was ist denn Dichtung und was Wahrheit?*

Ja, das ist eine schwierige Angelegenheit. Nikolaus, den hat's in Wirklichkeit so nie gegeben, sondern Nikolaus geht eigentlich auf zwei historische Gestalten zurück: Da war einmal ein Bischof aus dem 4. Jahrhundert, der Nikolaus geheißen und in Myra gelebt hat, und dann gab es einen gleichnamigen zweiten, seines Zeichens ebenfalls Bischof, der ins 6. Jahrhundert gehört. Aus diesen beiden hat sich dann irgendwann durch eine Verwirrung der Lebensbeschreibungen die legendäre Gestalt entwickelt, die man heute als den heiligen Nikolaus kennt und verehrt.

*Wodurch ist denn der Nikolaus in seiner Zweiheit dann auffällig geworden? Einmal durch seine besondere Hinneigung zu Kindern?*

Nikolaus ist deshalb ein Kinderpatron geworden, weil sich im Laufe der Zeit ganz bestimmte – mitunter auch sehr merkwürdige – Legenden um ihn angelagert haben. So kursierte seit dem 12. Jahrhundert in Frankreich die Geschichte, daß Nikolaus einmal drei bildungsbeflissene Schüler vor einem schlimmen Schicksal bewahrt habe. Und zwar sollen diese von Paris nach Athen gezogen sein, um dort zu studieren. Unterwegs seien sie – allesamt ein wenig weltfremd und entsprechend naiv – einem blutrünstigen Metzger in die Hände gefallen; und der habe sie dann, so die makabre Geschichte, kaltblütig ermordet und in einem Faß eingepökelt. Nikolaus habe davon Wind bekommen, sei der Sache nachgegangen und habe die drei Zerstückelten schließlich – sagt man da nun reinkarniert? Jedenfalls waren sie hinterher wieder lebendig.

*Diese Faß- und Pökelgeschichte hält sich im deutschen Volksglauben aber auch ewiglich. Wo kommt denn die Geschichte mit den Schuhen her? Die hat doch mit dem Pökelfaß hoffentlich nichts zu tun?*

Nein, da geht es um etwas anderes. Die Schuhe, die heute von den Kindern in der Nikolausnacht vor die Tür gestellt werden, um als Behältnisse für Geschenke zu dienen, hängen mit einem weiteren Patronat des Heiligen zusammen. Er soll nämlich, einer der ältesten Legenden zufolge, auch einmal Schiffsleute aus Seenot gerettet haben. Deswegen wurde er zum Schutzpatron der Seefahrer und Handelsreisenden – kaum eine Hafenstadt übrigens ohne große Nikolaikirche –, und so bekam das Schiffsmotiv im Zusammenhang mit ihm zentrale Bedeutung. Und da man ja nun bekanntlich bis heute übergroße Schuhe als »U-Boote« bezeichnet, sollten die Schuhe im Brauch tatsächlich Schiffe symbolisieren. Ganz früher, im ausgehenden Mittelalter und in der Barockzeit, hatten die Kinder zunächst noch richtige Schiffchen aus Papier gefaltet und als Gabenbehältnisse aufgestellt; später ging man dann der Einfachheit halber dazu über, statt der Papierschiffchen kurzerhand die Schuhe zu nehmen, damit da hinein die Geschenke gelegt wurden.

*Jetzt machen wir den Kuddelmuddel komplett, lieber Herr Mezger, und Sie verraten mir, ob das auch noch irgendwas mit dem Knecht Ruprecht und dem Weihnachtsmann zu tun hat.*

Ja, Knecht Ruprecht, das ist so eine Gestalt, die davon herrührt, daß Nikolaus schon sehr früh als Teufelsbändiger aufgetreten sein soll. Irgendwann hatte er die Höllenmonster und Teufel so weit, daß sie ihm zu Diensten sein mußten. Einer dieser schwarzen Gesellen, das ist eben gerade der Ruprecht. Sein Name ist übrigens abgeleitet von der »rauen Percht«. Perchten, das sind Dämonengestalten, die im Brauchtum des Alpenraums vor allem am 6. Januar auftreten; und genau eine solche Schreckfigur hat nach der Volksphantasie Nikolaus bei sich. Während der Heilige sich seinerseits meist milde zeigt und belohnt und beschenkt, ist sein finsterer Begleiter gewissermaßen fürs Grobe da.

Schließlich noch die Frage nach dem Weinachtsmann: Das ist eine säkularisierte Figur, denn in der Reformationszeit konnte man mit der Heiligengestalt Nikolaus nicht mehr allzuviel anfangen. Die war den Protestanten einfach zu katholisch. Man hat eher von reformierter Seite aus sehr stark das Christkind als den großen Gabenbringer propagiert. Und im 19. Jahrhundert kam es dann schließlich soweit, daß man bei den weihnachtlichen Schenkfiguren das Christliche am Ende fast gar nicht mehr gesehen hat. Aus diesem fortschreitenden Verweltlichungsprozeß ging dann eben jene wertneutrale Figur des Weihnachtsmannes hervor, die zuletzt auch nicht mehr so wie ein katholischer Bischof aussah, mit Bischofshut und Stab, sondern einfach mit einem roten Mantel und Zipfelmütze. Aber schenken – das tat dieses seltsame Zwischenwesen zwischen weißbärtigem Opa und Zwerg natürlich nach wie vor.

*Läßt sich der Kulturkreis einigermaßen eingrenzen, in dem die adventliche Schenkfigur eine Rolle spielt?*

Nikolaus, oder besser gesagt der Weihnachtsmann, ist heute eigentlich eine internationale Erscheinung. Er taucht längst auch in Amerika auf und zieht allmählich sogar in Asien ein. Interessant ist vielleicht noch die Tatsache, daß der amerikanische Weihnachtsmann, Merry Old Santa Claus, eigentlich ein deutscher Kulturimport in die Neue Welt ist. Und zwar wurde Santa Claus geschaffen von einem gewissen Thomas Nast. Der war Mitte des letzten Jahrhunderts als kleiner Bub von Landau in der Pfalz mit seiner Mutter in die Staaten ausgewandert, verbrachte dort zunächst eine schwere Jugend, machte dann aber dank seiner zeichnerischen Begabung doch Karriere und ist schließlich Chefillustrator einer großen amerikanischen Zeitschrift geworden, wo er viele Jahre lang traditionell auch die Weihnachtsausgabe illustriert hat. Und so gilt er in den USA heute als »the man who created

Santa Claus«, der Mann, der Santa Claus schuf. Nur, was eben viele heute nicht mehr wissen, insbesondere auch die Amerikaner nicht, ist das historische Faktum, daß Thomas Nast im Entwurf der Figur schlichtweg seine Jugenderinnerungen aus der alten Heimat optisch umgesetzt hat. So ist Merry Old Santa Claus, den heute jedes amerikanische Kind kennt, in Wirklichkeit nichts anderes als ein direkter Abkömmling des Pelznickels von Landau in der Pfalz, also eine Brauchgestalt mit deutschem Stammbaum.

*Taucht der liebe Nikolaus denn in anderen Religionsgemeinschaften in irgendeiner Weise auch auf?*

Er ist seinem ganzen Wesen nach natürlich schon eine typisch christliche Leitfigur. Allerdings scheint er neuerdings allmählich über die Grenzen der verschiedenen großen Religionsgemeinschaften auszugreifen und auch in andere Kulturkreise hineinzuwirken. Besonders schön ist zum Beispiel, daß seit einigen Jahren – eine ganz junge Entwicklung natürlich – Nikolaus sogar im Islam eine Rolle zu spielen beginnt. In seinem einstigen Wirkungsort Myra, einer Stadt, die heute türkisch ist und Demre heißt, wird dieses Jahr immerhin bereits zum zehnten Mal am Nikolaustag ein großes internationales Friedensfestival veranstaltet. Dabei bildet ein sehr amerikanisierter Nikolaus, der natürlich kaum noch etwas mit dem christlichen Heiligen zu tun hat, aber als große und freundliche Integrationsfigur auftritt, den Mittelpunkt für eine Begegnung von Angehörigen verschiedener Religionen. Da finden sich Christen ein, da kommen Angehörige des Islam hin, da stoßen auch jüdische Glaubensvertreter dazu. Alle zusammen feiern dann gemeinsam und versammeln sich im Namen des Nikolaus oder des Weihnachtsmannes oder des Pere Noel, wie er im Türkischen – sinnigerweise auf französisch –- genannt wird.

*Kann ich Sie, lieber Herr Mezger, zum Schluß noch nach der Rute fragen, oder muß ich die Frage an Ihren Kollegen richten, der den Psychoanalyse-Stuhl bei Ihnen an der Uni innehat?*

So hochwissenschaftlich wollen wir's mal nicht sehen. Die Rute, die gehörte früher einfach als so eine Art pädagogischer Wink mit dem Zaunpfahl dazu. Aber in der Zwischenzeit sind ja die Ruten eher symbolisch geworden. Vielleicht aber hier noch kurz etwas zu der Redewendung, die ebenfalls vom Nikolausbrauch herrührt: Wenn wir heute davon sprechen, man würde »jemandem etwas in die Schuhe schieben«, dann geht das in der Tat genau auf die Traditionen des Nikolausabends zurück. Da hat man nämlich den Kindern, wenn sie unartig waren, am Vorabend des 6. Dezember keine Geschenke in die aufgestellten Schuhe gelegt, sondern eben eine oder mehrere Ruten hineingeschoben. Ganz schön hart so was ... Aber wir sind ja alle brav und hoffen natürlich unverbrüchlich, daß uns heute nacht niemand eine Rute in die Pantoffeln schiebt, sondern daß da Geschenke drin sind, und zwar ganz viele.

# Wir pfeifen nicht nach Ihrer Tanze!

Helen Leuninger
Versprecherforscherin in Frankfurt/Main
28. Dezember 1993

*Wenn unsereiner sich ohne Zettel und ohne doppelten Boden am deutschen Sprachgeländer lustvoll entlanghangelt, mit der Maul-Machete gar versucht, das deutschsprachige Unterholz ein bißchen zu lichten, ja dann zuweilen – und Sie haben es immer beobachtet und still zur Kenntnis genommen – reißt die verbale Leine auch schon einmal ab, und man stürzt ins mediale Off. Bis dato konnte ich das ungeniert tun, weil unbeobachtet. Das versendet sich, sagen die Kollegen und das gnädige Publikum. Nun ist dies nicht mehr so. Meine Freunde nennen mich liebevoll Ludwig den Stammler, seit solche Sachen lückenlos unter anderem, und also guten Morgen, Helen Leuninger, auch von Ihnen dokumentiert werden. Sie sind, habe ich richtig gelesen, Versprecherforscherin in Frankfurt, und ich bin gottlob nicht der einzige, dem ständig Deutsch-Gurken passieren, nicht wahr?*

Guten Morgen, Herr Bertram. Das haben Sie sehr schön gemacht. Ja, ich glaube, wir sind alle nicht vor Versprechern gefeit. Ich hab' mir gerade beim Spaziergang mit meinem Hund so 'n paar von Prominenten für die frühen Morgenstunden ausgedacht.

Also Herr Kohl sagte mal zur Koalition: »... wenn wir pfleglich miteinander untergehen ...«, aber Herr Klose sagte zur selben Koalition: »... Meine Damen und Herren, wir pfeifen nicht nach Ihrer Tanze ...«, und genau das passiert uns natürlich auch, uns weniger Prominenten. So sagte eine Dame in einem Herrenoberbekleidungsgeschäft: »... Guten Tag, ich hätte gern einen herrenlosen Ärmelpullover ...«

*Sie haben natürlich, was richtig ARD-like ist, den Proporz korrekt gewahrt, deshalb können wir den Strauß noch draufsetzen, der gesagt haben soll: »... bin nicht nur prominent, bin auch primitiv ...«*

Ja, und Herrn Zimmermann, der von den »Abmachungen der Genfer Konfektion« gesprochen hat.

*Dieser Patzer ist gar nicht so sinnleer, wie man zunächst mutmaßt.*

*Aber Sie sind dagegen, wie ich hier erfahre, daß ich mich hinter der Freudschen Fehlleistung verstecke, obwohl die aber doch da ist, wenn ich heute erzähle: »... heute ist der 21. 12., 9.58 Uhr ...«. Das ist ein klarer Versprecher, der darauf hinweist, daß ich dann Schichtschluß habe, weil Freitag und Wochenende.*

Klar. Es ist so, daß wir manchmal irgendwelche anderen Gedanken noch im Kopf haben, die wir verbergen wollen oder die irgendwie so da sind. So ist ja auch der Versprecher von Kohl: »... wenn wir pfleglich miteinander untergehen ...« sicher so was Ähnliches wie ein Freudscher Versprecher. Das ist nicht die Mehrzahl. Die Mehrzahl der Versprecher ist einfach so, daß bei der Sprachplanung, also wenn der Gedanke 'ne sprachliche Form finden will, ein Fehler passiert. Das liegt eher an unserem inneren Sprachcomputer als an Sigmund Freud.

*Dieser Biorechner ist natürlich für sich selber übersichtlich sortiert, bloß die Software stürzt zuweilen ab?*

Ja, wie beim Computer auch. Der Vergleich hinkt natürlich immer ein bißchen, weil das Gehirn ja viel mehr leistet als ein normaler Computer, aber man kann sich das so ganz gut vorstellen. Da kann einfach alles Mögliche passieren. Da gibt's dann so was wie «grunzipiell«, wo zwei Wörter, die ungefähr dieselbe Bedeutung haben, nämlich grundsätzlich und prinzipiell, miteinander verschmelzen. Das ist sicher nichts Freudsches, denn die haben beide dieselben Bedeutungen.

»Da bin ich aus allen Socken gefallen ...«

Sehr schön sind auch Reihenfolgevertauschungen, wie »die himmlischen Haarscheren«, statt Heerscharen, oder, passend zur Jahreszeit: »Gipsbrand und Sonnenbein«, also einfache Vertauschungen.

*Wie war das mit dem Pilzesammeln? Da liegen ja bestimmte Dinge begrifflich auch sehr beieinander.*

Ganz genau. Bestimmte Wörter haben ja ähnliche Bedeutungen. Die sind nahe beieinander gespeichert. Wenn eines angesteuert wird vom Gehirn, kann es sein, daß es sich sozusagen versteuert, und dann entsteht so was wie »... damit kommst du auf keinen grünen Baum ...«, statt Zweig, oder »... wir waren Pilze fangen ...«, statt Pilze sammeln, um mal zwei Beispiele zu nennen.

*Ein klassisches Modell für Voraussetzungen solcher Fehlleistungen ist, wenn sich jemand übers Maß konzentrieren muß.*

Ja, ja. Sie haben ja gesehen: So wie Sie das eben vorgesprochen haben, so sprechen wir normalerweise nicht. Die Konzentration auf die sprachliche Form verhindert irgendwie das natürliche Sprechen, das wir haben. Dann kommt es häufig dazu, daß Korrekturversuche komplett scheitern können.

*Hat das auch damit zu tun, daß der Mensch zuweilen erst redet und dann denkt, oder sagen wir, diesen Vorgang etwas eng verbindet?*

Der ist sehr, sehr eng verbunden. Also wir haben einen Gedanken – der kann ja so trivial sein, wie er will –, den wir sprachlich formulieren wollen. Es kann dann aber sein, wenn das an das Sprachsystem übergeben ist, daß wir schon an etwas anderes denken, weil wir immer wieder davon ausgehen, das läuft von selbst.

Dann gibt es eben gelegentlich Freudsche Versprecher. Aber die meisten Freudschen Versprecher, wie: »... meine schwierige Mutter ...«, statt Schwiegermutter, oder »... Verhängnisverhütung ...«, die sind wahrscheinlich auch stark formbedingt.

*Hat das manchmal auch damit zu tun, daß unsere Vorstellungswelt im Wort, unsere Sprache, unser Sprachbild, der Ungeheuerlichkeit unserer Gedanken und Ideen nicht gewachsen ist?*

Ich glaube, man kann alles sprachlich ausdrücken, wenn man sich nur Mühe gibt. Nur in der Schnelligkeit, in der wir normalerweise sprechen, dauert ein Satz ja manchmal nicht länger als 800 Millisekunden. Also unglaublich schnell. Da kann es natürlich sein, daß wir gerade nicht den treffenden Ausdruck finden, der einfach nur so was abkürzt und gar nicht so komplex ist, wie der vermeintliche Gedanke, den wir haben, obwohl ich da manchmal auch sehr skeptisch bin.

*Tucholsky hat gepredigt: »... Hauptsätze, Hauptsätze,*

*Hauptsätze ...« Das gilt nicht nur für Journalisten. Kommt die Verstrickung auch daher, daß wir Sprachmuster suchen, die zu lang sind?*

Nicht nur. Komischerweise passieren die Versprecher immer nur innerhalb von Sätzen, als ob da noch ein Nebensatz ist oder so. Da verhaspelt man sich manchmal, weil man einfach nicht mehr weiß, wie man angefangen hat. Das geht mir auch häufig so, daß ich den Studenten frage: »Sag' mal, wie habe ich eigentlich angefangen?« Das sind keine Versprecher. Versprecher sind die, wo wirklich das Wort – verunstaltet kann man eigentlich nicht sagen – verändert wird. Das hat nichts mit der Komplexität der Grammatik zu tun.

*Ist es Zufall, daß der »Versprecher« neben dem »Versprechen« in meinem Schubfach liegt? Das heißt nicht weit von der möglichen Lüge entfernt?*

Das ist kein Zufall. Im Mittelhochdeutschen hatte Versprechen, glaube ich, zwanzig Bedeutungen. Unter anderem das, was Sie sagen, aber auch so was wie Fürsprecher. Einen »Versprecher« bei Gericht, einen Fürsprecher haben, das war einen »Versprecher« haben, und das bedeutet natürlich auch, jemandem etwas versprechen.

*Hat sich da auch etwas verlegt in der Versprechensdichte? Tauchen Versprecher bei bestimmten Sach- oder Fachbereichen eher auf?*

Nein, die tauchen überall auf. Beim Blödesten und beim Komplexesten. Ich sammle Versprecher im Alltag, aber auch bei wissenschaftlichen Vorträgen. Ja, es passiert eigentlich immer, das heißt mit einer bestimmten Wahrscheinlichkeit.

*Nun gibt's ja die, die böswillig angelegt sind. Konstruierte Wortfolgen, die die menschliche Fresse nicht zu leisten vermag: Das Blaukraut und das Brautkleid. Die macht ja jeder zwangsläufig falsch. Gibt's 'ne Hitparade der Fehler?*

Also diese, die Sie jetzt erwähnt haben, sind eigentlich keine Versprecher, sondern Zungenbrecher. Das heißt, da sind bestimmte Lautkombinationen, mit L und R ganz häufig, die in einer bestimmten Reihung auftauchen.

*Warum geht das bei uns nicht? Können wir das nicht durchschalten?*

Das hat mit einem bestimmten Takt zu tun, den das Gehirn hat, und wenn der unterbrochen wird durch bestimmte Kombinationen von Lauten, kommt es zu diesen Zungenbrechern. Aber Versprecher, die betreffen eigentlich alles. Das ist egal, ob da ein L oder ein R vorkommt.

# Die schönste Utopie

Gregor Gysi
MdB, PDS
30. Dezember 1993

*Es gibt Jubiläen, da möcht' man gratulieren und weiß immer gar nicht so richtig wem.*

*Beispiel: Vor 75 Jahren ist die KPD gegründet worden. Sind Sie denn, und also guten Morgen, Gregor Gysi, da noch der richtige Adressat? Darf ich Ihnen gratulieren?*

Guten Morgen. Nein, wahrscheinlich nicht. Ich war ja auch nicht dabei. Aber wir haben schon was mit der Tradition zu tun.

*Was?*

Na, daß wir uns dieser Geschichte verpflichtet fühlen, die die gesamte sozialistische Bewegung hinter sich hat. Die kommunistische, als auch die sozialdemokratische, als auch andere.

*Auch der programmlichen Kontinuität? Ist das ein roter Faden?*

Nein, ganz sicher nicht. Es gibt in der Geschichte der sozialistischen Bewegung eine große Zahl von Brüchen. Es gibt ein Viel-Dazulernen, es gibt ein Wenig-Dazulernen, das ist sehr verschieden gelaufen in der Geschichte. Insofern kann man auch nicht von Kontinuität sprechen.

*Aber Sie fühlen sich nicht mehr mit der PDS in der direkten Nachfolge der KPD?*

Ja was heißt Nachfolge? Ich meine, wenn Sie das rein rechtlich nehmen, gibt's natürlich 'ne Nachfolge, aber so gesehen sind wir dann auch in der Nachfolge der Sozialdemokratie. Man darf ja eins nicht vergessen: Bei der Gründung der Kommunistischen Partei Deutschlands saßen nur Sozialdemokraten rum. Die waren alle einen Tag vorher noch Sozialdemokraten.

*Hmm, ich nehm's mal nicht nur rechtlich, sondern auch politisch und programmatisch. Sind Sie da Nachfolger?*

Nein, das glaube ich nicht. Wir haben ja einen dritten

Weg versucht zu formulieren. Wir haben gesagt, daß wir – und das ist der entscheidende Bruch – keine Avantgarde-Partei mehr sind. Das heißt, wir gehen nicht mehr davon aus, die Vorhut einer bestimmten Klasse zu sein, die auf Grund von mehr Einsicht in den Gang der Geschichte a priori das Recht hat, den Gang der Geschichte zu bestimmen. Das ist, glaube ich, der entscheidende Unterschied.

*Die KPD war, da sind wir uns sicher einig, das Produkt einer gespaltenen Arbeiterbewegung. Hat ja die SED dann auf ihre Weise korrigiert. Würden Sie in der Gründung der KPD, so wie sie Luxemburg und Liebknecht gewollt haben, positive Ansätze finden?*

Naja, das ist sehr schwer historisch zu beurteilen. Zunächst müssen Sie wissen, daß Rosa Luxemburg ursprünglich dagegen war. Nachdem sie aber überstimmt worden ist, hat sie dann mitgemacht, sage ich mal. Das ist das eine. Natürlich hatte das auch unmittelbar was mit dem Ende des Ersten Weltkrieges zu tun, das hatte etwas mit der Novemberrevolution zu tun, mit der absoluten Inkonsequenz der Sozialdemokratie in dieser Phase der Geschichte, und daraufhin hat sich der Spartakus dann abgespalten und die Kommunistische Partei gegründet. Das war der historische Anlaß. Es gibt auch heute noch Menschen, die sagen, es wäre richtiger gewesen, um linke Positionen in der SPD zu kämpfen, um Mehrheiten in der SPD zu kämpfen. Aber ich glaube, damals wird es keinen anderen Weg gegeben haben, hier mußte das einfach geschehen.

*Gut, bei der historischen Analyse werden es ja immer mehr, die sagen, diese sektiererische Abspalterei wäre gar nicht nötig gewesen.*

Ja, ich sage ja, diese Stimmen gibt es, aber ich denke, es ist auch immer ein bißchen gefährlich, Geschichte zu beurteilen aus einer Entfernung von fünfundsiebzig Jahren. Also ob man damals etwas anders hätte machen können. Es gibt eine zweite Überlegung, und die finde ich auch sehr spannend, daß man gerade an diesem Beispiel den Wert von Persönlichkeiten in der Geschichte sehen kann. Ich bin davon überzeugt, wenn nicht fünfzehn Tage nach der Gründung dieser Partei Rosa Luxemburg und Karl Liebknecht ermordet worden wären, hätte diese Partei eine ganz andere Entwicklung genommen.

*Sie meinen mit der ganz anderen Entwicklung die, die Ende der zwanziger Jahre geschehen ist, also eine richtige knallharte Stalinpartei?*

Naja, es war ja zunächst mal vorher schon eine sektiererische Partei, in der es einen riesigen Streit zwischen Brandler und Ruth Fischer und anderen gab, wo sich eigentlich immer die sogenannten Linken, die dann sehr sektiererische Positionen hatten innerhalb der KPD, durchsetzten. Der gescheiterte Aufstand von Hamburg, der ja wohl nicht vernünftig war, und vieles andere mehr läßt sich da zusammenfassen, und dann die spätere, sage ich mal, knallharte Unterordnung unter die Komintern und die sowjetische Partei mit allen Folgen, die das hatte. Das, glaube ich, wäre mit Liebknecht und Luxemburg so bestimmt nicht passiert und auch nicht möglich gewesen.

*Gekommen ist es, wie es gekommen ist, und im Lichte der historischen Erfahrung wird das auch interpretiert als eine Begünstigung beispielsweise des Aufstieges des Herrn Hitler.*

Naja. Das halte ich nun auch wieder für ... Es ist sehr extrem herbeigeholt, denn die Spaltung und die unterschiedliche Sicht war doch da. Auch ohne daß diese Partei gegründet worden wäre, hätte es sie gegeben, hätte es dann die Uneinigkeit innerhalb der SPD gegeben. Wir dürfen ja nicht vergessen, es hat sich danach noch die USPD gebildet, also es gab eine Spaltungstendenz, einfach weil die Auffassungen so unterschiedlich waren, und dann waren die Fronten geklärt.

*Für KPD-Leute gab es die eigentlichen Feinde, und das waren die Sozialfaschisten. Das war nicht Herr Hitler, das war die SPD.*

Ja, das war aber ein Beschluß der Komintern. Der 5. Kongreß der Komintern, und das hat sich natürlich verheerend ausgewirkt.

*Das ist ja hin bis zu solchen Geschichten gegangen, daß Kommunisten mit Faschisten gestreikt haben. Verkehrsarbeiterstreik, Hamburg, beispielsweise.*

Ja, das hat es gegeben. Es hat eine Menge Fehler in dieser Richtung gegeben. Es hat aber auch vorher sektiererische Positionen gegeben zu denen, die nun mal zur NSDAP gegangen sind. Es stand die Frage, ob es sich lohnt, vor allem Arbeiter, die NSDAP gewählt haben, zurückzugewinnen. Ich kann das natürlich auch nicht nur so einseitig sehen. Die Geschichte der Sozialdemokratie in diesen Jahren hat ja mindestens genauso viele Fehler auf dem Buckel, auch im Kampf gegen den Faschismus.

*Die knöpfen wir uns dann vor, wenn die ein Jubiläum feiern.*

*Wie kommen Sie denn heute mit Ernst Thälmann klar?*

Schwierig. Also wir haben im Parteiarchiv Dokumente gefunden, aus denen sich ergibt, daß er gar nicht selten mit ziemlich vernünftigen Positionen – auch im Verhältnis zur Sozialdemokratie – nach Moskau fuhr, aber immer »geläutert« zurückkam. Das heißt, er hat sich den Beschlüssen, die dort gefaßt worden waren, untergeordnet. Er war ja wirklich ein Prolet. Das heißt, er hatte eigentlich ganz praktische Vorstellungen, wie man so 'n Kampf organisiert, und war natürlich leicht zu »disziplinieren« in Moskau. Nur eins bleibt natürlich auch eine Tatsache. Er ist immerhin für seine Überzeugung ins Gefängnis gegangen und ermordet worden, war da standhaft, und das kann ihm niemand nehmen, und das muß, also finde ich zumindest, Respekt und Anerkennung auslösen, spricht ihn aber von Fehlern bei der Unterordnung und bei der Moskauer Linie selbstverständlich nicht frei.

*Zum Schluß ziehen Sie ja natürlich auch Fazit für sich und Ihre Partei. Ist die PDS so 'ne Art Sammelsurium, eine Amöbe, in der alles drin ist? Richtige Hardliner-Kommunisten, eher Reform-Leute, SPD-Leute und so? Das ist ja das, was Ihnen dann hingehängt wird, Sie sind 'n Januskopf.*

Also, wir sind 'ne pluralistische Partei. Das ist richtig, daß es unterschiedliche Strömungen und Ansichten bei uns gibt.

*Aber erheblich breite Flügel.*

Richtig, und ich hab' immer gesagt, das ist auch wichtig. Der Ansatz ist wichtig, weil er nämlich besagt, daß keine Gruppe davon ausgeht, daß sie a priori recht hat, daß sie das Recht hat, die anderen auszuschließen, und so weiter. Wir müssen natürlich aufpassen, daß wir nicht beliebig werden. Und nicht beliebig werden heißt, es kann bei uns keinen Nationalismus, keinen Antisemitismus, weiß ich was, geben. Da muß auf der einen Seite die Grenze gezogen werden, auf der anderen Seite kann es keine stalinistischen Positionen geben, denn das war der Aufbruch des Dezember 1989, sich davon zu trennen. Ich sag' das hier noch mal: Die entscheidende programmatische Neuerung war, ist und bleibt die Trennung von der Avantgarde-Theorie und von der Rolle einer Avantgarde-Partei. Nur so wird man zu einer demokratischen und modernen sozialistischen Partei.

*Das ist die historische Lehre, die Sie ziehen würden?*

Richtig.

*Wo ist die Historische Mission? Ist die abhanden gekommen?*

Nein, die Historische Mission, die klingt doch nach wie vor hervorragend. Wir wollen selbstverständlich eine klassenlose Gesellschaft, in der die Freiheit des einzelnen Voraussetzung der Freiheit aller ist. Das ist noch immer die schönste Utopie. Ich hab' zumindest noch keine bessere gehört.

*Wie Sie das auf den Boden des Grundgesetzes stellen, bleibt Ihr Geheimnis?*

Nee, das geht phantastisch mit dem Grundgesetz. Alle, die das nicht wollen, müssen sich überlegen, wie sie mit dem Grundgesetz umgehen können. Zum Grundgesetz haben wir doch kein gestörtes Verhältnis. Seitdem ich im Bundestag bin, muß ich es jeden Tag verteidigen, weil die anderen es permanent beugen, verändern oder verletzen wollen.

*Nicht! Mir kommen die Tränen ... Besten Dank, Gregor Gysi.*

# Falsches Theater und echte Kunst

Herbert Schirmer
Burgherr auf der Kulturfeste Beeskow
6. Januar 1994

*Ja, ich gebe es zu: Ich sammle sozialistische Devotionalien und war stolz wie 'n Puma, als ich vergangenen Monat einen Vaterländischen Verdienstorden erhielt. Zu spät! Leider viel zu spät. Einer, der in großem Stile sammelt und natürlich auch vom Leben und von der Vergangenheit eher begünstigt ist, qua Beruf und Amt, ist Herbert Schirmer, immer noch Burgherr auf der Kulturfeste zu Beeskow. Sie, und also guten Morgen, Herr Schirmer, haben ja schon als letzter Kulturminister in der DDR hervorragende Startbedingungen gehabt, für Devotionalien-Sammlungen.*

Ja, guten Morgen, Herr Bertram, und da kann ich nur ganz laut sagen: »Ja!«

*Sie haben, das ist ja gar nicht so bekannt, kurz vorm Wüstenrot-Tag, dem 3.Oktober, noch eine Stiftung eingerichtet aus dem, was früher mal der Kulturfonds war?*

Genau. Die Stiftung Kulturfonds. Und sie war dann auch Rechtsnachfolger und Besitzer der Kunst, die im Auftrag der DDR entstanden und vom Kulturfonds finanziert worden ist.

*Alles, was die eilfertigen Genossen da schon aus Betrieben und Kasernen als Vergangenheitsabwurf rausgeräumt hatten, landete zu großen Teilen bei Ihnen. Ihr Lebenspech ist, daß das, was in Treuhandbetrieben drin ist, nun auch Treuhandeigentum ist. Schade für Sie. Verloren!?*

Ja, das ist der ganze Bereich des Freien Deutschen Gewerkschaftsbundes. Da habe ich bedauerlicherweise keinen Zugriff, aber da müßte ich eben auch noch 'ne weitere Kulturfeste bauen, um dann diese Bestände zu übernehmen.

*Was hoch betrüblich ist, denn die Kunst des Freien Deutschen Gewerkschaftsbundes war ja von der feinsten Sorte.*

Die Feinheiten sind nicht so großartig in der Differenzierung.

*Was haben Sie inzwischen in Ihren Beständen? Schildern Sie uns bitte das Grauen.*

Das ist nicht nur Grauen. Wir haben natürlich 'ne Menge Belege dafür, wie Kunst funktionalisiert wurde über die Möglichkeit der Auftragsvergabe. Wir haben wunderbare Beispiele von Monumentalpropaganda und jede Menge Kuriositäten. Wir haben aber auch sehr schöne Bildbeweise für die offenere Kulturpolitik der DDR in den achtziger Jahren. Man konnte mit der Kunst Devisen einfahren und gleichzeitig den Knicks in Richtung Helsinki machen. Das sind natürlich dann andere Bilder und Plastiken als in den sechziger Jahren.

*Sitzt da etwa dem Arbeiter auch mal die Taube mit dem Palmzweig auf dem Haupte?*

Nein, ganz soweit ist es in der Ikonographie nicht mißraten. Die Faust ist nie so in die Metamorphose geschickt worden. Es blieb bis zum Schluß 'ne Faust.

*Aber vielleicht hinterm Rücken?*

Ja, hinterm Rücken ...? Die Bilder sind alle nur einseitig bemalt, Herr Bertram.

*Die Bilder können ja nicht alle bei Ihnen aufgehängt werden. Was soll denn um Gottes willen damit werden?*

Wir inventarisieren zur Zeit. Wir werden einen Katalog erarbeiten mit kritischen Kommentaren. Das wird sehr ordentlich gemacht. Wir werden dann auch Wanderausstellungen unter verschiedenen Themen auf die Reise schicken. Wir beginnen im Herbst in Beeskow mit einer ersten großen Ausstellung. Ich hoffe, daß das nicht so als Kuriositätenkabinett durch Deutschland reist, sondern daß es wirklich auch ein Stück Verständnis erzeugt, unter welchen Bedingungen Künstler gearbeitet haben, welche Verbindungen Künstler zur Macht hatten, wie schön und wie großartig der Einfluß der Macht auf die Künstler gewesen ist und wie man sich gegenseitig bedient hat.

*Wobei ja Lachen auch befreiend sein könnte. Ich will das ja nicht nur in die Ecke des Doktor Caligari schieben, aber es ist ja 'n Problem, da haben Sie recht, daß Leute sich ...*

Es hat jeder zwei Augen, mit dem einen kann er lachen, mit dem anderen muß er zwangsläufig weinen, angesichts der Kunst.

*Die Schwierigkeit, um das Brett wenigstens versuchshal-*

*ber tiefer anzubohren, besteht ja darin, daß man sich zu diesen Dingen nur noch ästhetisch verhält. Weggehoben vom politischen Hintergrund.*

Ja, die Zusammenhänge müssen erhalten bleiben, und deswegen legen wir Wert auf die Begleitung, die Kommentare und kritischen Verweise. Das ist es eben, was so als starke sozialgeschichtliche Orientierung der DDR-Kunst immer noch gefeiert wird. Die enge Verflechtung.

*Vorschlag noch zur finanziellen Aushärtung. Sie haben ja, nennen wir sie mal »A-Werke« und »B-Werke«. Die muß man ja nicht alle behalten.*

Wir haben auch noch 'ne ganz große Gruppe »C-Werke«, wenn Sie so wollen.

*Gut. Also von »B« abwärts. Vielleicht bringen Sie so 'n bißchen was unter 'n Hammer. Ich bin hoch interessiert.*

Nein, nein, ich hab' aus den alten Ländern schon jede Menge Anrufe und Kaufgesuche bekommen.

*Sie verkaufen nicht?*

Nein, ich vermittle jetzt an Künstler, die noch über eigene Bestände verfügen, und versuche da, vielleicht auch wieder ein Stück Sozialhilfe zu leisten.

*Da sind Sie auch nicht nachtragend?*

Nein, nein.

*Sind Sie eigentlich mit dem Ausdruck »politischer Konvertit« schlecht bedient?*

Na gut ... Wenn Sie das sagen, kann ich damit leben.

*Sie sind von der CDU in die SPD gewechselt. Haben Sie sich auf die Seite der Macht geschlagen?*

Glaube ich nicht. Das würde mir, wie anderen auch, schlecht bekommen.

*Ich höre in den Kulissen der Mark, Sie möchten gern Minister werden?*

Nein, also da sind Sie im falschen Theater gewesen.

*Ehrlich?*

Ja.

*Ihr Theater spielt nach wie vor auf der Feste in Beeskow?*

Auf der Feste in Beeskow, und wenn es eine Rückkehr in die Politik gibt, dann sicherlich nicht ins Amt des Ministers.

*Ein Treppchen tiefer?*

Ich weiß nicht, wo Sie die Treppe ansiedeln.

*Beim Staatssekretär.*

Auch nicht.

*Auch nicht?*

Nein.

*Sie wissen, daß wir Aussagen von Politikern lückenlos dokumentieren?*

Ich weiß, und ich weiß auch, daß Sie jemand sind, der sich nach zehn Jahren noch daran erinnert.

*Darauf können Sie sich verlassen.*

*Eins muß ich fairerweise beiziehen: Wenn eine Sinnesänderung passiert, dann schlägt's der Mark ja nun nicht gerade ins Gesicht. Danke Ihnen, und guten Morgen.*

# Goldgräber in Brandenburg

Eckhard Riesen
Geschäftsführer der »Quantec GmbH«
13. Januar 1994

*In Ghanas Hauptstadt Accra sitzt eine Mining-Company, die hört auf den Namen »Atlantis«.*

*Das könnte uns hier in der Mark einigermaßen peng sein. Traditionell ist es so, daß die Regierung, wenn sie Schürfrechte und Minenrechte für Gold und Diamantenfelder weggibt, sich mit ein paar Prozenten einklinkt. Haben die gemacht, in Ghana, mit zehn Prozent. Bei diesem Geschäft sind alle möglichen Länder am Start in Afrika, Deutsche fast nie.*

*In unserem Fall ganz, ganz anders. Is' nämlich 'ne Brandenburger Company, die mit siebzig Prozent in dem Unternehmen drin ist. Sie hört auf den Namen »Quantec GmbH«, sitzt in Großbeeren, und Geschäftsführer ist Eckhard Riesen. Morgen, Herr Riesen. Wie kommen Sie denn an's Gold?*

Ja, guten Morgen, Herr Bertram. Ich beschäftige mich seit ungefähr zwanzig Jahren mit Edelmetallanalytik, und so habe ich natürlich zwangsläufig Kontakte zu Goldminers in der ganzen Welt. Ich bin im Mai letzten Jahres in Ghana gewesen, im Auftrag einer internationalen Investorengruppe, und habe dort eine Prospektionsreise zur Bewertung einer Lagerstätte gemacht.

*Uns da sind Sie auf den Trichter gekommen, daß da unterm ghanaischen Sande richtig schwer was liegt?*

Als ich die Ergebnisse meines Reports dann vorliegen hatte, da war für mich völlig klar, daß ich mich um eine Konzession dort im Lande bemühen werde.

*Sie sagen, Sie haben sich vorher mit Goldanalytik beschäftigt? Für wen denn? Für die Genossen?*

Nein, ich war Leiter eines Forschungslabors an der Technischen Universität in Clausthal.

*Was hat Sie nach Großbeeren verschlagen?*

Ich hab' mich 1991 selbständig gemacht, als Chemiker, und habe dort ein großes Labor aufgebaut.

*Sie haben mit den Jungs in Ghana einen Vertrag über fünfzehn Jahre abgeschlossen?*

Die Lizenz ist zunächst einmal kalkuliert von der Finanzierung her auf fünfzehn Jahre, obwohl das eigentlich eine unbegrenzte Lizenz ist. Wir können aber davon ausgehen, daß etwa nach fünfzehn Jahren die Goldvorräte dort aus der Konzession erschöpft sein werden, obwohl es eine ziemlich große Konzession ist, von etwa 102 $km^2$, und da haben wir also fünfzehn Jahre gut zu tun.

*Sparen Sie mir mal die Mühe, im Handelsregister nachzugucken, und sagen mir gleich blank, wer bei »Quantec« mit im Kahn sitzt.*

Niemand. Ich bin ganz allein.

*Sie sind der alleinige Inhaber?*

Ja.

*Aha! Dann werden Sie mir sicher verschweigen, was die Lizenz Sie gekostet hat?*

Die Lizenz hat etwa 50 000 Dollar gekostet.

*Das klingt sehr wenig?*

Ja, das ist allerdings auch so. Das sind nur die Gebühren, denn Voraussetzung ist, daß der Staat Ghana sich selbstverständlich über meine Situation informiert. Meine Mitbewerber, die dort Goldminen betreiben, sind Firmen oder werden von großen internationalen Goldminengesellschaften betrieben, für die es natürlich kein Problem ist, ein Minenprojekt über einen ...

*Von denen fühlen die sich ein bißchen erdrückt, oder was? Also die Companies, die so aus Amerika oder England kommen.*

Die kommen vorwiegend aus Australien, und für die ist es natürlich kein Problem, ein Minenprojekt in der Größenordnung über 50 Millionen oder 100 Millionen Dollar zu finanzieren.

*Also da muß ich mich doch sofort erst mal in die Gewandung des märkischen Finanzministers Kühbacher begeben. Sind sie Brandenburger Bürger und aktiver Steuerzahler bei uns? Das kann ein interessantes Geschäft werden für den.*

Ich bin aktiver Bürger und auch Steuerzahler hier, zumal ich in meinem Betrieb ausschließlich brandenburgisches Personal beschäftige.

*Da wollen wir mal hoffen, daß bei Ihnen so richtig schwer der Rubel rollt. Es steht ja immer auf wankender Planke. Politisch zum einen: Wer kann das Jahre hochrechnen? In Ghana ist es zur Stunde vergleichsweise stabil. Wird sogar ein bißchen vorgezeigt.*

Ghana ist so etwas wie das gehätschelte Kind der Weltbank, die dort auch ungeheure Summen investiert hat, um neue Rohstoffe zu finden.

*Was aber damit zu tun hat, daß die ghanaische Regierung auch Vorleistungen gebracht hat, die die Weltbank in der Regel erwartet.*

*Jetzt sitzt einer wie Sie mit dem Rechenschieber da, sagt, o.k., ich kann da fünfzehn Jahre übern Daumen schürfen, dann ist das Feld in der Regel erledigt. Die Ghanaer kriegen zehn Prozent, siebzig kriegen Sie, nach den verbleibenden zwanzig fragen wir mal gar nicht. Haben Sie sich die Zahl schon mal absolut hochgerechnet? Kommen Sie mit Goldsäcken beladen zurück nach Brandenburg?*

Wir reden hier über bisher bekannte Vorräte aus der Konzession, die etwa in der Größenordnung zwischen 150 und 200 Tonnen Gold liegen.

*Was ist das umgerechnet für Ihre persönliche Kasse?*

Hahahaha, es reicht, daß man sich durchaus jeden Morgen Butter leisten kann.

*Und auch die Rundfunkgebühren?*

Die sowieso.

*Mit wie vielen Leuten gehen Sie da runter buddeln, und wann geht's los?*

Wir werden in der übernächsten Woche starten mit dem Explorationsvorgang, das ist die weitergehende Untersuchung der Lagerstätte. Wir müssen also nicht mehr nach Gold suchen, das Gold ist vorhanden, wir müssen jetzt nur noch ein wenig präzisieren, nach wieviel Gold wir da eigentlich suchen.

*Auf dem Feld, schreiben die Agenturen, lägen auch Diamanten?*

Richtig.

*Und ich darf davon ausgehen, daß die erste Klunker, de-*

*rer Sie habhaft werden, ich als Mitbürger von Großbeeren von Ihnen bekomme?*

Sie sind nicht der einzige, der Ansprüche angemeldet hat. Aber ich denke mal, daß die Diamantengeschichte, wie Sie ja vielleicht wissen, international von bestimmten großen Gesellschaften kontrolliert wird und wir an diesem Diamantengeschäft eigentlich ...

*Ist schwierig, ein Bein reinzukriegen.*

Wir haben keine Chancen, ein Bein reinzukriegen, wollen wir auch nicht, weil die großen Gesellschaften, die alles auf der Welt kontrollieren, uns diese Diamanten abnehmen würden.

*Die möchte man wirklich nicht zum Feinde haben. Das gibt man zu deren Bedingungen ab, und fertig ist der Lack.*

Genauso ist es.

*Haben Sie schon mal versucht, in Brandenburg zu kratzen? Gibt's da was unter der Erdoberfläche, wo ich vielleicht am Wochenende mal ein bißchen probieren sollte?*

Die ganze Region ist sicher in der Eiszeit ziemlich mit Materialien befrachtet worden, die aus den skandinavischen Ländern kommen, so daß wir auch hier im Sand von Brandenburg Gold finden könnten, wenn wir das wollten.

# Versagen als Methode

Henryk M. Broder
Schriftsteller
13. Januar 1994

*Ich muß zunächst bekräftigen, meine Lieben, Sie wissen, ich bin eine arglose Natur. Deshalb hat mich stark gewundert, daß ein Mensch wie Henryk M. Broder ein Buch schreibt, das heißt: »Erbarmen mit den Deutschen«.*

*Wenn Sie 32 Mark erübrigen, können Sie's kaufen bei »Hoffmann und Campe« und lesen, wenn nicht, können Sie heute abend hingehen und sich's anhören. Herr Broder liest Ihnen selber was draus vor, und also guten Morgen, Herr Broder, was haben wir denn zu gewärtigen? Ist das so 'ne Art Sinneswandel? Haben Sie Erbarmen mit mir und den Deutschen?*

Guten Morgen, Herr Bertram. Das ist kein Sinneswandel. Es ist eine schlichte und ruhige Überlegung, daß ein Volk, das zwei Diktaturen produziert, erlebt, durchlitten hat, einfach Erbarmen verdient. Wobei ein Teil des Volkes gute sechzig Jahre unter gleich zwei Diktaturen gelebt hat. Wenn das kein Erbarmen verdient, dann weiß ich nicht, was noch Erbarmen verdienen könnte.

*Sie machen einen Strich drunter und sagen: Gut, die haben mit ihrer kollektiven Weisheit – wenn ich den Waschzettel richtig gelesen habe – nichts begriffen, die werden auch diesmal nichts lernen.*

Nein, so nicht. Da vereinfachen Sie ein bißchen, oder Sie spitzen es zu. Ich sage nur, daß es in bestimmten Teilen eine Art von Wiederholungszwang gibt, vor allem im Westen. Nach dem Motto: Wir haben einmal versagt, also versagen wir noch einmal, dann sieht das Versagen eher wie Methode aus, es ist kein Zufall, es sieht aus wie Absicht.

*Ist das psychologisiert oder gibt's da wirklich handfeste Interessen, die Sie freipräparieren können?*

Das ist natürlich psychologisiert, wenn Sie so wollen, es

ist ein politisches Psychogramm einer Nation, aber es gibt auch handfeste Interessen.

Nehmen Sie zum Beispiel die Behandlung der Justiz. Ich meine der Justiz des Dritten Reiches und anschließend der Justiz der DDR. Da gibt es enorme Parallelen. Nach den letzten Urteilen des Bundesgerichtshofes ist es kaum noch möglich, DDR-Richter wegen Rechtsbeugung zu verurteilen, weil man den Exzeß nachweisen muß. Das können Sie einem Richter kaum nachweisen. Genau das gleiche hat es nach dem Dritten Reich gegeben. Also bleiben sozusagen »legale« Terrortaten ungesühnt.

*Sind wir also auf ewig verurteilt zu Kompromiß und Verdrängung?*

Verurteilt nicht. Wenn, dann verurteilen wir uns selber. Es gibt ja auch Leute, die dazu nicht verurteilt sind. Wobei nach meiner Beobachtung – die sehr lückenhaft ist – vermutlich der Wille zur Aufarbeitung der Geschichte im Osten größer ist als im Westen. Sie haben im Westen nicht solche Gestalten wie Jens Reich, oder Konrad Weiß, oder Joachim Gauck, das sind – allen Schmähungen zum Trotz – doch typische Ostprodukte, über die ich mich freue.

*Ist denn nicht auch der Osten mit dem Überlebenskampf befaßt?*

Das kann sein. Das war ja im Westen ähnlich. Das eigentliche Nachdenken über das Dritte Reich setzte im Westen zwanzig Jahre nach dem Zusammenbruch ein, als die ersten materiellen Bedürfnisse befriedigt waren.

*Hört man ostdeutsche Volksseele, die dann gelegentlich nachgrübelt, die sagt: »Ja, Mensch, mein Gott, was haben die eigentlich mit uns gemacht? Die paralysieren uns auf diese Weise, und inzwischen lutschen sie uns ein bißchen ab.«*

Das weiß ich nicht. Das ist die Kolonialismustheorie. An der Stelle muß man eigentlich darauf immer hinweisen, daß es eine Bewegung von Ost nach West gegeben hat, für die Wiedervereinigung und nicht umgekehrt. Schauen Sie, ich war jetzt gerade in Köln, wo meine Mutter lebt, und im Westen dieser Republik ist alles was sich jenseits der alten Grenze vollzieht, eigentlich schon Sibirien. Die Leute in Köln, Frankfurt, Hamburg, Aachen kriegen gar nicht mit, was hier passiert, und mein Gefühl ist, die wollen es gar nicht so genau wissen.

*Hmm, aber der Ruf nach der Mauer ist doch im Westen wieder sehr stark geworden, als in Brandenburg die PDS so gewaltig zugelegt hat.*

Ja, ja. Vollkommen richtig. Vielleicht nicht unbedingt nach der Mauer, aber doch nach einer gewissen Art von Abtrennung. Sollen die doch ihren Laden alleine machen, wie sie es möchten.

*Ist die Vergeßlichkeit, auf die wir eben schon kurz gekommen sind, im Osten doch an einer Stelle so virulent ausgeprägt, daß die Ursache und Wirkung durcheinanderbringen? Hier gehen ja diese Fertigmachstrategien um, was Sie vorhin mit Kolonialisten bezeichnet haben, und keiner erinnert sich mehr, daß er in vier Wahlen exakt das wollte?*

Richtig. Es ist nicht nur eine Vergeßlichkeit, die sich breitmacht, sondern auch ein Bedürfnis, die eigene Geschichte rosig zu zeichnen und zwar im nachhinein. Es hat vier eindeutige Wahlen gegeben, und eigentlich ist alles, was sich jetzt zeigt, schon vorher programmiert gewesen. Das heißt, die DDR war schon am Ende, bevor sie am Ende war, und das ist, glaube ich, inzwischen im Osten vergessen. Schauen Sie: Beide Teile kämpfen mit den jeweils eigenen Unterlassungen. Im Westen hat man sich eine Wiedervereinigung gewünscht, die man sich nicht wirklich gewünscht hat, und im Osten ist man von der Geschichte überfahren worden, und steht nun vor der Erkenntnis, daß man sich eigentlich von einer Bande von Hampelmännern vierzig Jahre lang hat an der Nase herumführen lassen. Das ist keine leichte Erkenntnis, mit der beide fertig werden müssen.

*Das ist der kalte Wind des Erwachens. Ist daraus nicht auch erklärbar, daß die Leute jetzt ein Bedürfnis haben, auch nett zu sich zu sein, und Harmonie entwickeln?*

Ach nein, die Leute sind nicht nett zu sich. Wissen Sie, nett zu sich selbst zu sein war nie eine deutsche Spezialität. Der deutsche Bruderkrieg war immer eine Konstante der deutschen Geschichte, und wenn Sie sich angucken, was es vor der Gründung der Bundesrepublik und der DDR gegeben hat: Es gab immer einen schweren Ost-West-Konflikt. Der wird heute, natürlich mit den anderen Vorzeichen, fortgesetzt.

# Alles ist falsch, was geschmacklos ist

Heinz Commer
Ehemaliger Protokollchef beim DIHT in Bonn
14. Januar 1994

*Wenn Sie, Herrschaften, überhaupt noch Karriere machen wollen und angesagt sein möchten, dann achten Sie bitte auf Nachfolgendes:*

*Rüdes Benehmen, rüpelhafte Manieren sind, wenn wir Heinz Commer glauben dürfen, absolut out. Auch in Zeiten konjunktureller Flaute zeigt sich bei den Nachwuchskräften in der Industrie wieder erhöhtes Interesse am Benimm. Der Mann muß wissen, wovon er redet, denn er war lange Protokollchef beim DIHT in Bonn. Morgen, Heinz Commer, sind Ihre Freunde die, die auch liebevoll Herr von Papritz zu Ihnen sagen?*

Nein, ich bin eigentlich nicht dafür, denn Frau von Papritz war eine andere Generation. Die Frau von Papritz war die Generation des 19. Jahrhunderts, und meine Umgangsformen sind neu und modern. Ich darf dazu einen einzigen Satz sagen: Manieren sind für mich Nullen, wie die Nullen im Zahlensystem, wenn sie nicht mit anderen Werten zusammenkommen. Für die Frau von Papritz waren Manieren ein Kanon, ein Katechismus, etwas ganz Festes. Also ich bin eigentlich ein Anti-Papritz, obwohl diese Frau natürlich – jeder in seiner Zeit – Größe verdient hat.

*Frau von Papritz ist ja in ihrem Reglement sehr weit gegangen. Sie hat das zwar diskret formuliert, aber auch auf dem WC hat sie uns nicht allein gelassen. So hat sie gesagt: »Beim ›Vorgange‹ selber sollst du spülen.« Haben Sie da auch Daumenregeln?*

Ja, ich muß Ihnen gestehen, daß ich auch danach gefragt worden bin. Eine ganz hochinteressante Frage ist: Wie verhält sich ein Herr, der einen anderen Herrn trifft, auf dem WC, wenn beide einfach ein bestimmtes Becken benutzen?

*Diese Frage bewegt mich offen gestanden auch.*

Und ich muß Ihnen gestehen, daß es ganz, ganz schwierig ist, die Frage zu beantworten, aber es ist andererseits einfach, wenn man weiß, daß man sich natürlich benimmt.

*Also laufen lassen?*

Ja. Das ist eins. Das zweite ist Blickkontakt. Wenn Sie merken, daß der neben Ihnen Stehende gar nicht sprechen will, dann halten Sie auch den Mund, sonst, würde ich sagen, wenn man wieder am Waschbecken steht, dann ist alles in Ordnung, und vor allen Dingen vor den Klos keine Männergesellschaften bilden, also kein langes Gequatsche, und so weiter, das ist ganz schlimm.

*Keine Gruppenbildung?*

Das würde ich für schrecklich halten.

*Kann es sein, daß Leute den Hang zur Etikette auch haben, weil in den Köpfen sonst nicht allzuviel los ist?*

Ja, das gibt es auch. Das sind diejenigen, die zwar äußerlich vielleicht Erfolg haben. Das sind reine äußerliche Typen ohne Tiefenwirkung, aber im Grunde, nach meiner Definition, kann es nicht sein. Meine Definition sagt: Manieren kommen mit anderen Werten zusammen. Manieren kommen zusammen mit Rücksichtnahme, mit Zweckbestimmung, mit Zielsetzung, mit Freundlichkeit, auch mit Absicht.

*Ah, ja. Jetzt dämmert's mir. Ihr Manierenkat... – nee, Katechismus wollen Sie ja nicht hören, Ihre Denkungsart zu den Manieren soll in ein insgesamt wirkendes neues Wertegeländer rein?*

Richtig, jetzt haben Sie es geschafft.

*Schaffen Sie's, 'nen Roughmix zu veranstalten? Wie kriegt man jemanden wie mich denn anständig? Also ich lümmle jetzt beispielsweise. Ellenbogen auf dem Tisch, Faust im Gesicht.*

Das ist vollkommen in Ordnung, wenn kein Mensch dabei ist.

*Draußen sind die Techniker. Muß ich auf Personal Rücksicht nehmen?*

Ja, natürlich! Das halte ich für außerordentlich wichtig. Was ich für absoluten Unsinn halte, ist, daß man nur nach oben schielt. Diese berühmte Katzbuckelei. Da gibt es einen Satz, den ich gerne doch langsamer sagen würde, weil er so wichtig ist: Wenn man die Treppe hochgeht, denke daran, daß du eines Tages auch die Treppe runtergehst. Entweder du wirst pensioniert, oder du wirst rausgeschmissen. Wichtig für dich ist, daß alle deine Kollegen vom Portier bis zum Fahrer mit dir stehen.

*Aber was kann ich zum Beispiel? Hier stehe ich, ich kann nit anders! Was kann ich gegen meine hypertonisch-cholerische Natur tun?*

Ja, da muß man sagen, da gibt's natürlich die Frage der Selbstdisziplin.

*Ja, das stimmt. Daran mangelt's mir.*

Nobody is perfect, sagt man in dem wunderbaren neuen deutschen Englisch. Nein, es ist überhaupt keine Frage, man muß Selbstdisziplin wahren können, und das gehört auch zu den Manieren. Gar keine Frage. Auch vor allen Dingen Damen, die bestimmte Unpäßlichkeiten haben, Männer, die sich geärgert haben, die sollen das natürlich nicht nach außen zeigen.

*Ich vertraue Ihnen noch einen Makel an: Ich trage Jeans, die haben 'ne Farbe, die sieht aus wie Taubenscheiße – wie der uns allen bekannte Direktor der Düsseldorfer Kunstakademie sagen würde. Jeans ist auch nicht Ihr Thema, nee?*

Jetzt sind wir bei der Kleidung. Das ist außerordentlich wichtig. Erster Gesichtspunkt: Absolut alles ist falsch, was geschmacklos ist. Geschmacklos ist alles Übermäßige, alles zu Bunte.

*Das gefällt dem protestantischen Brandenburger gut. Also: die neue deutsche Schlichtheit.*

Vor allen Dingen sehen Sie das an einem Beispiel: Damen mit dickem Hinterteil. Ist ein Hinterteil bunt angezogen, dann wirkt das Hinterteil doppelt schlimm.

*Sie meinen mehr so die amerikanisch-russische Version.*

Ja, ja. Das finde ich schlimm.

Das war das erste: Geschmackloses weg. Und zweitens: Passend. Passend! Wenn Sie zur Beerdigung gehen und 'nen roten Anzug tragen, ist das nicht gut.

# Die Medaille hat zwei Seiten

Jürgen Boegner
Amtsleiter in Oberhof
21. Januar 1994

*Die zwei Anführer der Skinhead-Truppe, die Ende Oktober letzten Jahres die beiden amerikanischen Rennrodler brutal zusammengeprügelt haben, sind heute exakt da, wo sie hingehören, nämlich vor den Schranken eines Gerichts in Suhl. Der Amtsrichter, der heute sehr wahrscheinlich noch zu einem Urteilsspruch kommen wird, und das ist nur der erste von mehreren, denn fünf weitere stehen bereits unter Anklage der Staatsanwaltschaft in Meiningen, der Amtsrichter hat diesen Übergriff zu be- und zum Schluß dann auch zu verurteilen. Im Regen steht die gute Stadt Oberhof.*

*Morgen, Jürgen Boegner, Sie sind Amtsleiter in einer Stadt, die gerade um die Befestigung ihres Rufes besorgt ist, als Sport- und Touristenzentrum.*

*Sie wissen, das hat in Amerika 'ne hohe Welle gemacht?!*

Ja, ich grüße Sie erst mal. Das ist richtig, was Sie sagen. Im Oktober haben wir eine schlimme Zeit hinter uns gebracht. Wir haben natürlich Schadensbegrenzung betrieben und haben auch sehr viele Freunde gehabt – und hier auch ein Dank an die Medien aller Art. Es ist natürlich so, daß wir mit Interesse diesen Prozeß verfolgen, wird er doch beispielgebend sein für die zukünftige Handlungsweise der deutschen Justiz, und ich glaube, mit uns werden alle Demokraten aus Deutschland jetzt nach Suhl gucken. Das klingt vielleicht etwas hochgestochen, aber es muß endlich mal eine Norm gesetzt werden, und wir sind eigentlich voller Hoffnung und vertrauen auch auf die deutsche Justiz, daß das dort ordentlich abgehandelt wird.

*Vorderhand bleibt Ihnen ja mal, Verehrtester, das Schlimmste erspart, nämlich die Ankündigung der amerikanischen Rennsportler, bei Ihnen weder zu starten noch zu trainieren.*

Und das hat uns eigentlich hoffnungsvoll gestimmt. Die Rodler waren ja sofort auf unserer Seite. Sie haben ihr Versprechen wahr gemacht und sind auch gekommen. Und es sind mit ihnen viele Sportler gekommen, und wir haben schönen Sport in Oberhof erlebt am Wochenende. Auch die Urlauber sind nicht ausgeblieben, so daß wir eigentlich glauben, daß das Demokratieverständnis doch sehr weit entwickelt ist unter den Deutschen und auch unter den Sportlern.

*Das Demokratieverständnis ist das eine und dann auch etwas wie Zivilcourage, das ist das andere.*

*Wie war das damals in der Discothek, als die die Amerikaner angegriffen haben? Von den Deutschen ist da niemand dazwischengegangen?*

Also so ganz absolut kann man das nicht sagen. Wir hätten uns natürlich gewünscht, daß man direkt eingegriffen hätte, aber vor dem Hause hat es schon Aktionen gegeben, wo Jugendliche aus Oberhof versucht haben zu schlichten.

*Wie gravierend ist denn das Problem in Oberhof überhaupt mit Nazis?*

Ich kann sagen, das Problem ist eigentlich null. Die Nazis, das waren ja Importe, das sind also keine Eigengewächse aus der Stadt gewesen. Aber das soll man in der Form jetzt nicht irgendwie reinwaschen. Jede Stadt kann davon betroffen werden.

*Es braucht einen Boden, auf dem das wächst. Haben Sie denn für Jugendliche Möglichkeiten, auf andere Gedanken zu kommen, außer auf Prügel- und Nazigedanken? Beispielsweise in Freizeitzentren?*

Ja, wir haben jetzt ein leerstehendes Haus. Wir sind bemüht, das vom Land Thüringen übertragen zu bekommen. Das ist so 'n kleines Haus. Das wird schon genutzt im Moment. Da gibt es in Thüringen einen gemeinnützigen Verein, der sich um die Jugendarbeit kümmert, und da gibt es vier ABM-Leute, die sich hier nach Kräften mühen.

*Wie ist es eigentlich in der Bevölkerung gewesen? In Rostock haben wir sie ja klatschen sehen.*

Um Gottes willen. Das war ein einziger Schock. Wir haben hinterher gleich eine öffentliche Stadtverordnetenversammlung gemacht. Also, die waren ja alle, wollen wir mal sagen, richtig erschüttert, und das war auch ein heilsamer Schock. Es hat sich hier so was wie eine Allianz herausgebildet, zwischen den Bewohnern, den Gewerbetreibenden, den Gaststätteninhabern, und so weiter. Ich gehe also davon aus, daß die Rechtsradikalen hier keine Chance mehr haben.

Darf ich gleich noch was anfügen?

*Aber klar!*

Der Innenminister des Landes Thüringen startet auch mit der Stadt Gera und der Stadt Oberhof einen Modellversuch. Wir haben neuerdings einen Distriktbeamten. Der ist täglich im Rathaus anwesend, ist also auch Kontaktperson für Leute, zum Beispiel, wenn die eine Wahrnehmung haben.

*Ist die Empörung dort unten auch absolut aufrichtig, oder hat die nur damit zu tun, daß ja faktisch solche Geschichten das Geschäft kaputtmachen? Gewerbetreibende, Restaurantbesitzer und so, ist ja klar, die wollen so was nicht haben.*

Ja, ich kann natürlich nicht in die Köpfe der Leute reingucken. Aber es ist so: Diese ganze rechtsradikale Szene stößt ja auf Ablehnung. Wir haben sehr viele Leute hier, die den Nationalsozialismus noch erlebt haben und die das eigentlich für meine Begriffe glaubhaft rüberbringen, daß die Ablehnung gegenüber dieser Bewegung doch ehrlich ist.

*Schauen wir die Kehrseite der Medaille an. Haben Sie Asylbewerberheime in Oberhof?*

Nein, haben wir nicht.

*Hat das einen Grund?*

Äh …, das hat dahingehend einen Grund, äh …, daß einmal der Ort ja sehr klein ist, wir haben 2 200 Einwohner, und zum anderen soll er ja mal Pilotfunktion und Modellfunktion haben, was den Fremdenverkehr und Tourismus angeht in Thüringen. Und dadurch werden natürlich alle Kapazitäten gebraucht. In der unmittelbaren Nachbarschaft gibt es ausreichend Asylheime, und verwaltungsmäßig betreuen wir auch eins, das ist allerdings nicht auf unserem Territorium.

*Asylbewerber sind für so 'ne Tourismusregion ein bißchen imageschädigend?*

Also da bringen Sie mich jetzt in ’ne Ecke! Wissen Sie, Asylbewerber sind ja auch Menschen.

*Jaa.*

Wissen Sie, wie ich das meine?

*Jaa.*

Aber wie gesagt, da wir nur 2 200 Einwohner sind, würde sich das nicht so verlieren, wie sich das meinetwegen in einer größeren Stadt verliert.

*Das war die Abteilung »Die Medaille hat zwei Seiten«. Besten Dank, Jürgen Boegner, und guten Morgen.*

# Und die Sintflut gab es doch!

Alexander Tollmann
Geologe in Wien
21. Januar 1994

*Sie bekommen um diese Stunde etwas Außergewöhnliches von mir, meine Lieben, nämlich geistlichen und wissenschaftlichen Beistand in einem. Sie können, so heißt die fröhliche Botschaft, dem Alten Testament auch weiterhin vertrauen.*

*»Und die Sintflut gab es doch!« sagen Edith und Alexander Tollmann aus Wien.*

*Nun sind die beiden nicht erleuchtet vom Himmlischen, sondern sind ganz schlicht und ergreifend Geologen, haben zehn Jahre ihres Lebens ans Bein gebunden, und also guten Morgen, Herr Tollmann, bitte was herausgefunden?*

Ja, guten Morgen. Es ist durch geologische Fakten und durch Mythen besonders nachweisbar, daß die Sintflut tatsächlich kein lokales Ereignis war, in Mesopotamien, sondern weltweit stattgefunden hat. Wir sind sicher, daß sie existiert hat. Zu unserer Überraschung sind wir auf den genauen Zeitpunkt, auf die Ursache und auf die Art – es waren kosmische Einschläge –, auf die Lokalitäten, wo diese Einschläge sich vollzogen haben, gekommen.

*Wenn der Komet in Teilen runterkam, müssen doch ein paar gewaltige Dellen da sein. Haben wir die bis jetzt übersehen?*

Man hat nichts gesehen, weil der Hauptteil ins Meer gegangen ist. Es waren sieben große Einschläge in den Weltozeanen, was kein Wunder ist, es sind ja einundsiebzig Prozent der Erdoberfläche Meer. Und nur kleinere Stücke sind aufs Festland gefallen. Von denen ist am genauesten ein Einschlag in Österreich bekannt. Im Ötztal.

*Darf ich Ihnen versichern, lieber Herr Tollmann, daß uns das hier in Brandenburg gerade für Österreich besonders betrübt.*

Ja, die Bevölkerung hat hier sogar noch früher so eine fürchterliche Katastrophe erlebt.

*Wann war denn nun wirklich die schlimme Sintflut? Vor zehntausend Jahren sagen Sie?*

Man kann es ziemlich genau sagen: 1545 Jahre plus minus einige Jahre Fehlergrenze.

*Mit welchen Folgen? Will sagen: Wie lange hat es denn gebraucht, bis wieder Ruhe war auf der Erde?*

Wir können's genau beantworten durch amerikanische Forschungen über das Ereignis am Ende der Kreide, bei dem ebenfalls ein riesiger Einschlag war und die Saurier ausgestorben sind. Dadurch wissen wir die Details, wie so was vor sich geht. Auf den Einschlag erfolgte eine riesige Explosion, und daran schlossen sich im Abstand von Stunden, Tagen und Wochen Einzelkatastrophen verschiedenster Art an. Ein Dutzend schwerer Katastrophen. Wirklich überwunden war das eigentlich erst nach zwei, drei Jahren. Die Winter, die herabgekommen sind für die höheren Breiten, waren wiederum etwas milder, und dann hat's noch dreieinhalbtausend Jahre Nachspiel gegeben durch Klimaänderungen. In dem Fall durch Erwärmung um vier Grad.

*Nun tritt unsereiner zögerlich vor den Spiegel der Wahrheit, aber es ist überdeutlich. Ich bin sittlich zu mangelhaft und auch nicht berufen, auf die Schaluppe zu kommen. Wann also gehe ich das nächste Mal unter?*

Diese Frage ist berechtigt. Ich kann sie nur allgemein beantworten. Seit zehn Jahren etwa hat die Wissenschaft herausgefunden, daß eine viel größere Anzahl von Asteroiden in verschiedener Kilometerdurchmessergröße die Erde umschwirrt. Jedes Jahr entdecken wir neue Einschlagkrater auf der Erde und sehen, daß das ein normaler geologischer Prozeß ist, der sich immer wiederholt. Wir können kein genaues Datum eines nächsten Einschlags geben, aber große Asteroidenforscher, wie Clarke Chapman aus Arizona, haben zum Beispiel berechnet, daß in einer Generation die Chance, daß die Menschheit durch einen Einschlag aus dem All zugrunde geht, 1 : 6 000 steht. Das ist nur fünfundzwanzigmal geringer, als daß man durch einen Autounfall umkommt. Ich will damit nur sagen, daß es leider tatsächlich eine reale Chance gibt, daß so etwas passiert, und daß das ernst zu nehmen ist, zeigt die Forschung der NASA. Seit 1990 sind sie intensiv mit zwei Komitees dran, die Möglichkeit des Herannahens und die Erkundung solcher Einschlagwege zu erforschen. Vor allem mit Spaceshutteln wird eine Art Himmelsüberwachung durchgeführt, so daß man mit Neutronenbomben, wenn man's rechtzeitig bemerkt, solche Eindringlinge abwehren könnte.

*Ach, das hat ja was Unausweichliches, Verehrtester. Kann ich mich auf die Boys der NASA verlassen?*

Ja, es ist so, daß dort wirklich sehr viele ausgezeichnete Leute mitarbeiten. Das ist ein großes Team. Die Elitewissenschaft hat erkannt, und das ist eben auch für uns eine Warnung, daß das ernst zu nehmen ist. Man muß sich unter Einsatz großer finanzieller Mittel damit auseinandersetzen.

*Womit wir das Universalmaterial an Bömbchen, das überall auf der Welt rumliegt, endlich auch mal positiv ummünzen könnten.*

Ja, so ähnlich. Aber es dürfen keine normalen Atombomben sein, Typus Hiroshima, denn das würde die herannahenden kosmischen Körper zertrümmern, und die einzelnen Teilstücke würden noch mehr Schaden anrichten. Es muß eine Art Neutronenbombe sein, die auf einer Seite diese herankommenden Objekte überhitzt, so daß sie mit einer Art Dampfrückstoß in die andere Richtung gedrängt werden.

*Kann der Mensch kollektive Vorkehrungen treffen? Er kann's doch schon auf der Erde selber nicht. Er ist doch nicht in der Lage, Probleme zu lösen. Ich sage, die Hand des Herrn ist über Brandenburg. Sehr wahrscheinlich fällt der Meteorid in der Taiga runter.*

Sie haben vollkommen recht. Wir haben in unserem Buch auch darüber geschrieben, daß wir eben zweifeln, daß diese Anstrengungen wirklich rasch zum Ziel führen.

# Wir wollen nicht den europäischen Einheitsstaat

Manfred Brunner
Gründer vom »Bund Freier Bürger«
21. Januar 1994

*Im Sinne der Vertiefung des Stoffes kürzen wir die Vorgeschichte mal ein. Der vormalige bayerische Liberalenchef Manfred Brunner und Adlatus von Bangemann in Brüssel hatte seine Schwierigkeiten mit Maastricht, hat geklagt, hat prompt verloren, ist umgehend bei den Liberalen ausgetreten – so weit, so gut. Jetzt muß Herr Brunner ja politisch mit sich irgendwo hin – und gründet also eine neue Partei. Das wollte er am Sonntag im Weimarer Hilton-Hotel tun. Die haben eine Bombendrohung gekriegt und finden ihn auch sonstens nicht so comme il faut, und also guten Morgen, Manfred Brunner, jetzt wissen wir gar nicht, wo Sie den »Bund Freier Bürger« gründen. Wo passiert's denn?*

Also wir gründen auf jeden Fall, und wir tun das auch nicht, weil's uns langweilig ist, und wir tun es auch nicht, weil wir den Prozeß verloren haben. Den haben wir in der Sache eigentlich gewonnen, denn das Verfassungsgericht hat den Vertrag von Maastricht auf meine Klage hin völlig uminterpretiert. Wir gründen, aber wo, das werden wir nicht über den Rundfunk bekanntgeben, weil wir die Leute, die uns dabei stören wollen, natürlich nicht ermuntern, das weiter zu tun.

*Muß man denn 'ne politische Partei, die vorgeblich fest auf dem demokratischen Boden steht, gründen wie einen Geheimbund? Warum lassen Sie uns, die Öffentlichkeit, denn nicht daran teilnehmen?*

Ja, das Problem ist, daß es ja offensichtlich politische Konkurrenten gibt, zum Beispiel den thüringischen Innenminister Schuster, der, obwohl unsere Partei eine Partei der Mitte ist, die von ganz hervorragenden Leuten gegründet wird, etwa Herrn Professor Schachtschneider oder Herrn Professor Stabati oder Herrn Professor Rock, das sind alles hoch angesehene und reputierte Gelehrte in diesem Staat ...

*Hmm, müssen wir dem Volke mal mitteilen, was Sie an Herrn Schuster so stört. Herr Schuster hat gesagt, daß Sie gefährlicher als Republikaner und NPD-Leute sind. Stimmt das nicht?*

So ist es, und deshalb wollte er uns vom Verfassungsschutz beobachten lassen. Hinterher hat sein Pressesprecher gesagt, er habe das nicht gemeint, daß wir verfassungswidrig seien, sondern wir seien für die CDU gefährlicher, weil wir intelligente Leute seien. Aber im Grunde sind das Stasi-Methoden, daß man seine politischen Überlegungen als Minister in Verbindung bringt mit seinen Aufgaben als Verfassungsminister. Man kann doch eine Partei, die einem als Konkurrent nicht gefällt, nicht vom Verfassungsschutz beobachten lassen.

*Wenn Sie weiter so machen, dann haben Sie innerhalb von vierzehn Tagen mehrere Prozesse an der Hacke. Aber Sie sind ja geübt?!*

Daß das Stasi-Methoden sind, das ist eine Feststellung, die sich vor jedem Gericht gut vertreten läßt.

*'ne Feststellung ist auch: Der Haider is'n Gschpusi von Ihnen, und Sie schämen sich seiner Bekanntschaft nicht?*

Nein, keineswegs. Ich kenne den Jörg Haider ja seit vielen Jahren. Als ich Landesvorsitzender der bayerischen FDP war, hatte ich zu der liberalen Nachbarpartei FPÖ Kontakte, und zwar durchaus auch im Auftrag von Herrn Genscher, von Herrn Bangemann, von Herrn Lambsdorff ...

*Und Sie meinen, die schämen sich jetzt seiner, weil, so richtig herzlich in Canstadt sind ja nur Sie mit ihm umgegangen?*

Also ich schwöre einfach einem solchen Mann nicht ab, von dem ich erkannt habe, daß er gut ist. Aber das ist nicht der Schwerpunkt meiner Wahlkampfführung.

*Pardon! Das ist aber interessant. Sie finden ihn nicht nur persönlich nett, Sie finden auch seine politischen Zielsetzungen gut?*

Ich glaube, daß der Mann ein freiheitlicher Politiker ist und daß er in Deutschland verketzert wird, und bei solchen Verketzerungsaktionen mache ich grundsätzlich nicht mit.

*Sind Sie – Sie sagen sowieso nein, ich frag' trotzdem –: Sind Sie 'n verlängerter Arm von Jörg Haider?*

Auf keinen Fall. Wir sind eine Partei für Deutschland, die politische Interessen vertritt von Deutschland. Herr Haider ist ein österreichischer Politiker. Mir geht's nicht darum, irgend jemandes verlängerter Arm zu sein, mir geht es eigentlich um eine Gerechtigkeitsfrage, daß man nicht jemand einfach fallenläßt, weil er für einige hohe Herren aus der Mode gekommen ist.

*Also Sie sagen: Das, was Ihnen widerfährt, ist nicht pur die Ausforschung Ihrer politischen Gesinnung, sondern die Verunglimpfung des politischen Gegners, der schon bei der Europawahl Stimmen wegnehmen kann.*

Genauso ist es. Ja.

*Aha. Wo denken Sie denn die Stimmen zu holen, mit welchen Argumenten, mit welcher Politik?*

Wir haben ja eine ganz andere Europapolitik als die Parteien CDU, SPD, FDP, die für Maastricht sind. Wir sagen, wir wollen nicht den europäischen Einheitsstaat, wir wollen nicht den Zentralismus, wir wollen nicht die europäische Einheitswährung ...

*Das kenne ich aus München schon von der CSU. Da hab' ich noch nix Neues gehört.*

Nee, das hören Sie aus München überhaupt nicht von der CSU. Das haben Sie höchstens mal von Herrn Ministerpräsident Stoiber gehört.

*Exakt.*

Die CSU konnte das nicht durchhalten, und Herr Stoiber hat diese Position in der CSU nicht durchsetzen können. Obwohl ich gehofft hätte ... Das wäre ein guter Bündnispartner gewesen. Der CSU-Vorsitzende Waigel und die CSU-Mehrheit haben diese Position nicht akzeptiert. Die einzige Partei, die sagt, wir wollen ein Europa der Vielfalt, wir wollen ein Europa des Wettbewerbs und der Konkurrenz und keinen Einheitsbrei – das sind wir. Und ich glaube, daß es für diese Position gerade auch in den neuen Bundesländern, die ja mit dem Warschauer Pakt, mit dem Comecon, schon schlechte Erfahrungen genug gemacht haben mit solchen supernationalen Einrichtungen, daß es da durchaus Zustimmung gibt.

*Wie kommen Sie mit so 'ner nationalen Ideenlage beispielsweise von Herrn Schirinowski klar?*

Also nach allem, was ich von dem lese, denke ich, daß es ein Verrückter ist.

*Also da finden sich keine Schnittstellen, die in irgendeiner Weise mit Ihren Überzeugungen zu tun hätten?*

Könnten Sie sich eine vorstellen?

*Ich frage ja, wir drehen's beim nächsten Mal um.*

*Lassen Sie uns den Kreis mal an dieser Stelle dichtmachen. Sie wollen also partout nicht sagen, wo gegründet wird. Vielleicht will ich ja eintreten und kann deshalb nicht.*

*Ach so, das müssen wir ja den Leuten noch sagen: Sie wollen in Ihren Reihen vormalige Mitglieder der Republikaner und der PDS nicht haben.*

Und jetzige Mitglieder der PDS, ja.

*Die sind für Sie nicht besserungsfähig oder so? Vielleicht, wenn ihnen das nationale Herz ein paar Jahre lang sauber geschlagen hat, dann dürfen sie?*

Erstens mal, weil Sie so schön sagen »nationale Ideenlage oder nationales Herz«: Ich bin kein Mensch – und meine Freunde denken auch nicht so –, der etwa den Nationalstaat um seiner selbst willen überhöht, sondern wir sagen, daß der europaoffene Nationalstaat eine Voraussetzung für einen Verfassungsstaat ist. Je ferner irgendwelche Bürokratien sind, je weiter weg die Menschen regiert werden, desto weniger können Grundrechte gewährleistet werden. Und was diese Parteien angeht: Eine Partei braucht ja auch Klarheit, und Klarheit über ihr Profil entsteht dadurch, wenn man sagt, Leute, die eine Affinität zu ganz bestimmten Zielen haben, wie die Republikaner oder etwa die PDS, die sollten bei uns nicht sein. Vielleicht ist das im Einzelfall sogar ungerecht, aber solche Ungerechtigkeiten müssen dann sein.

*Sie hinterlassen mich mit schwerer Depression. Ich bin ein Versager. Ich mache meine Arbeit nicht anständig. Ich kriege partout bei Ihnen nicht heraus ... Sagen Sie mir wenigstens: Gründen Sie am Wochenende?*

Ja, wir gründen am Wochenende.

*Also am Sonntag abend sind wir um eine demokratische Partei reicher?*

So ist es, und dann rufen Sie mich noch mal an, oder ich ruf' Sie an, und dann machen Sie bei uns vielleicht Pressesprecher.

*Don't call us. We call you.*

# Steige hoch, du roter Adler

Hinrich Enderlein
Kultusminister von Brandenburg
21. Januar 1994

*Daß sich dem heimatliebenden Busen des Gustav Büchsenschütz zu Wolfslake vor einundsiebzig Jahren Vers und Note entrang zu märkischer Heide und märkischem Sand, das geht in Ordnung. Was raus muß, muß raus, und eine Aufwallung von Bodenhaftung darf man nicht aufhalten. Dem verdankt sich ja die Bereicherung brandenburgischen Liedguts. Davon machen märkische Bürger und Bauern bei festlichen und launigen Gelegenheiten denn auch gern Gebrauch. Auch das geht in Ordnung. Daß die Sozialdemokratische Partei zu Brandenburg sich beständig bestrebt, Sinn zu stiften, geht auch noch in Ordnung. Aber welcher Teufel hat die Genossen geritten, als sie um den Vorschlag nicht verlegen waren, dieses Lied nunmehr zur Landeshymne zu erheben?*

*Findet denn, und also guten Morgen dem Kultusminister in Brandenburg, Hinrich Enderlein, findet das Ihren billigenden Beifall?*

Nein, es findet nicht meinen Beifall. Ich muß sagen, ich finde das sogar ziemlich abwegig. Man muß dieses Lied, das ich ab und zu auch gern singe, geradezu davor schützen, jetzt in die Höhen einer Staatssymbolik raufgezogen zu werden.

*Das Land Sachsen-Anhalt ist ja mit seiner albernen Hymne weit voran. Warum muß es denn nun wirklich unbedingt eine Hymne sein?*

Es muß gar keine sein. Wir brauchen keine. Ein Land wie die Bundesrepublik Deutschland braucht eine Hymne, das ist klar, aber die Bundesländer brauchen keine. Die brauchen eine Fahne als Staatssymbol, das haben wir mit dem Adler, und damit ist aber, glaube ich, genug getan. Ich hab' den Eindruck, man will den Versuch machen, immer alles um jeden Preis mit dem Stempel »staatlich geprüft« zu versehen. Und das ist gerade bei unserem deutschen Liedgut nun das Allerletzte, was wir brauchen.

*Äh, Sie sind ein Freisinniger! Sie verweigern sich der märkischen Identität. Sie wollten schon den Roten-Adler-Orden nicht.*

Ja, das ist richtig. Ich hoffe, daß mir das hier auch gelingt, so was zu verhindern. Ich hab' den Eindruck, daß die Genossen jetzt bemüht sind, nach den für sie nicht ganz so erfolgreichen Kommunalwahlen auf Deubel komm raus Identität zu suchen mit den Menschen.

*Das mit den nicht geglückten Kommunalwahlen ist 'ne eigenwillige Ausdeutung. Sie sind mit langen Schritten im Wahlkampf unterwegs. Das ist mir völlig klar. Was könnte denn Brandenburg für den inneren Zusammenhalt nun wirklich tun, als von oben Orden runterzuhängen, oder Fahnen hochzuziehen, oder Hymnen abzusingen?*

Meiner Ansicht nach ist hier die Identität der Menschen mit ihrer Kultur besonders stark ausgeprägt. Ich kenn' das aus den alten Bundesländern. Da ist die Kultur mehr so etwas, was als Soße oben drüber läuft. Hier leben die Menschen mit ihrer Kultur. Deswegen sollte man versuchen, die kulturellen Einrichtungen zu pflegen. Die Musikschulen, die Museen, die Bibliotheken, die Theater, die Musikfeste, das alles soll gestärkt werden. Wenn wir das machen, dann haben wir soviel Identität, dann können wir vor Identität gar nicht mehr laufen.

*Hat das möglicherweise auch damit zu tun, daß da krampfhaft – ja vielleicht sogar in bester und positiver Absicht – der Versuch unternommen wird, die Tatsache zu ergänzen, daß uns dieser preußische Hintergrund, der ja abgeschnitten worden ist durch die Potsdamer Konferenz, einfach fehlt?*

Ja, ich denke, darüber sollten wir auch nicht traurig sein. Wir haben ja ganz bewußt auch mit unserer Fahne, mit dem roten Adler, nicht an die preußische, sondern an die askanische, ältere Tradition angeknüpft. Wir sollten die preußische Tradition insbesondere in Sachen Toleranz pflegen. Das lohnt sich. Der Rest muß sich in aller Ruhe historisch entwickeln.

*Bei den Askaniern gilt im umgedrehten Sinne das Kanzlerwort: Das war »die Gnade der frühen Geburt«.*

Das ist richtig. Mit diesem Symbol können wir gut leben. Es ist ja ganz interessant, daß gerade die Sachsen-Anhaltiner in ihrer Fahne oben rechts in der Ecke den preußischen Adler untergebracht haben, den schwarzen.

*Haben Sie deren Hymne schon einmal gehört? Da stellt sich einem das Nackenfell hoch. Gut! Wir wollen die anderen nicht tadeln. Das ist deren Geschäft.*

*Was haben wir denn zu tun? Auch der Märker will sich ja mal erhoben fühlen bei Empfängen. Es gibt da ja sehr wohl Anlässe, die so 'ne Art höhere Weihe haben, ob man das nun in Ordnung findet oder nicht.*

Ja gut, ich meine, da kann man singen, wenn man will. Meistens ist es ja dann doch etwas später, und die Kehlen sind schon etwas geölt, wenn man anfängt zu singen. Da paßt das Lied auch. Ich denke, wir haben aber auch sehr viel schöne Musik hier. Die Brandenburgischen Konzerte zum Beispiel sind etwas, was bei feierlichen Anlässen auch sehr gut hinpaßt.

# Keine öffentliche Ehrung für Friedrich Wolf

Rainer Kilgen
CDU-Fraktionsführer im Stadtparlament von Neuwied
26. Janaur 1994

*Mit politischen Mehrheiten wechseln Straßenschilder. Das ist eben so. Darüber belehrt uns jetzt gerade die Westfälische Stadt Neuwied. Dort geboren – deren berühmtester Sohn, mit dessen Ruhm sich so mancher dort eben nicht schmücken möchte – ist Friedrich Wolf. Ihn zu ehren, hat die SPD-regierte Stadt 1988 einen Platz und eine Straße nach ihm benannt. Jetzt wünscht sich der CDU-Fraktionsführer im Stadtparlament zu Neuwied, Rainer Kilgen, eine Korrektur.*

*Morgen, Herr Kilgen. Warum?*

Morgen, Herr Bertram. Ja, weil wir das nicht für angemessen halten, auf diese Art und Weise die Persönlichkeit von Wolf zu ehren und ihm durch eine Benennung von einer Straße und einem Platz diese Auszeichnung zukommen zu lassen, denn für uns hat so etwas Vorbildwirkung.

*Das kann ich nicht nachvollziehen. Warum soll er abgestraft werden? So im nachhinein? Seine Bücher sind im Dritten Reich verbrannt worden, er ist ins Exil gegangen, er ist Jude gewesen …*

Das ist sicherlich auch anzuerkennen, aber ich denke, daß das nur die eine Seite der Medaille ist. Die Persönlichkeit von Wolf ist sehr komplex. Sie ist hier in Neuwied leider immer nur einseitig diskutiert worden. Wolf ist Stalin-Unterstützer gewesen, und immerhin war und ist Stalin zusammen mit Hitler der größte Massenmörder in der politischen Geschichte von Europa. Und wir meinen, daß einer solchen Persönlichkeit eben diese öffentliche Ehre nicht zuteil werden darf.

*Und Sie fürchten sich nicht in einer stillen, schlaflosen Nacht, daß Sie da in eine unselige Kontinuität reingeraten?*

Ich habe da keine Bedenken.

*Wie kommt das?*

Weil ich glaube, daß man sich zwar mit der Persönlichkeit auseinandersetzen muß, aber auf eine andere Art und Weise, und ich mein', das ist nicht angemessen, das so öffentlich darzustellen.

*Wie sollte es dann geschehen?*

Ich denke, daß man sich sehr wohl mit Wolf in den Schulen auseinandersetzen kann, indem man etwa über das Stück, was er ja geschrieben hat, den »Professor Mamlock«, diskutiert, aber dann bitte in der Form, daß man seine gesamte, komplexe Persönlichkeit aufarbeitet.

*Aber unterm Strich ist es so, daß Sie schon finden, die Stadt Neuwied sollte sich dieses Sohnes eher schämen?*

Ich will nicht sagen »schämen«, sondern fair auseinandersetzen. Das geschieht nicht in Neuwied. Hier findet zum Teil eine kritiklose, regelrechte Heiligenverehrung statt.

*Daß Sie einäugig die Straßenschilder abhängen, beflügelt die Diskussion Ihrer Meinung nach?*

Die Diskussion ist hier in Neuwied schon häufig geführt worden. Die hat nie geendet, im Grunde genommen. Es gibt sehr viele Bürger in der Stadt, die haben nie verstanden, daß man Wolf eine solche Auszeichnung hat zukommen lassen. Und deshalb kommen wir auf das Thema auch wieder zurück.

*Viele Bürger im ganzen Lande verstehen nicht, was Sie da vorhaben. Da brandet eine Woge des Protestes auf. Die reicht von Walter Jens bis sonstewo. Verängstigt Sie das?*

Überhaupt gar nicht. Meistens kommen solche Einstellungen aus 'ner bestimmten Ecke, und das schreckt mich überhaupt nicht, muß ich sagen.

*Also genau genommen ist das für Sie auch eine politische Auseinandersetzung, die geführt wird?*

Das ist auch für mich eine politische Auseinandersetzung. Wie gesagt: Man soll sich mit der Persönlichkeit beschäftigen, aber dann bitte von mehreren Seiten.

*Diejenigen, die dagegen so warm und heftig protestieren, sind das Ihrer Meinung nach welche, die de facto der verlängerte Arm der Kommunisten sind? Also Jens beispielsweise?*

Ich möchte das so nicht ausdrücken. Zumindest sind sie offensichtlich auf einem Auge blind.

# Wahrsagen als therapeutischer Krückstock

Gabriele Hoffmann
Wahrsagerin
3. Janaur 1994

*Meine Lieben, unsereinem fällt es schwer, Sie tagsüber mit dem Wetter vertraut zu machen. Die Prognosen sind so wacklig, daß ich ein schlechtes Gewissen habe, wann immer ich darüber rede. Andere sind da tollkühner, die greifen in ihrer Auskultation der Zukunft entschieden beherzter nach vorn und trauen sich mehr. Beispielsweise Gabriele Hoffmann, Wahrsagerin. Eine, wie ich mir habe sagen lassen, der bekanntesten deutscher Zunge. Fehlt es mir, und also guten Morgen, Frau Hoffmann, an seherischer Begabung? Warum trau' ich mich nicht mal, das Wetter vorherzusagen, und Sie erzählen den Leuten fürs ganze Jahr, was ihnen eigentlich so entgegentritt?*

Nee, ich denke das liegt daran, daß ich 'ne Fähigkeit habe, die andere Leute vielleicht auch haben, aber ich hab' sie halt besser trainiert.

*Aha. Wie sind Sie auf dieselbe gekommen?*

Als kleines Kind war ich sehr neugierig. Ich hatte eine Urgroßmutter, die Wahrsagerin war, und die habe ich immer belauscht.

*Aha.*

Bei einer Familienfeier meiner Eltern, wo alle sich über diese Uroma lustig machten, hab' ich gesagt, die soll'n die nicht veräppeln, ich kann auch wahrsagen. Mein Vater zeigte mir seine Hand, und ich hab' gesagt, der Papa, der hat 'ne Freundin, die ist dick und geschieden und hat drei Kinder, und alles um mich herum lachte. Mein Vater wurde bleich und hatte sich damit verraten. Das war also mein Schlüsselerlebnis gewesen.

*Ist diese Voraussehung bei Ihnen immer von so durchschlagend negativer Wirkung, oder ist die Verheißung auch mal positiv?*

Nein, ich denke mir, daß die Menschen, die zu mir kommen, ja auch 'ne Lebenshilfe kriegen. Die meisten erscheinen, weil sie Probleme haben. Und ich bin in der Lage zu erkennen, wie sich die Probleme lösen, was der einzelne tun kann, damit's dann später wieder besser wird.

*Also das ist eine Art therapeutischer Krückstock?*

Kann man sagen. Wenn jemand weiß, was kommt, kann er seine Kraft besser einteilen.

*Madame Hoffmann halten an allerfeinster Adresse Hof. Kommt viel berlinische und brandenburgische Politik zu Ihnen?*

Ja, ich habe Leute, die aus dem ganzen Bundesgebiet kommen, aus Österreich und aus der Schweiz.

*Hat das damit zu tun, daß Politik grundsätzlich ratloser geworden ist?*

Ich glaube, nicht mehr als früher, denn die Politiker fühlen sich innerlich immer noch sehr sicher. Die denken, weiter geht's schon noch, aber es wird für uns alle 'ne schwierigere Zeit als vorher.

*Sind wir eins in der Auffassung, daß diese Daumenvorhersagen – ein Tierkreiszeichen, und schon wissen wir alle, woran wir sind – , daß die eigentlich wirklich Blödsinn sind? Gehen Sie differenter vor?*

Das ist bei mir anders. Ich konzentriere mich auf den Menschen, der mir gegenübersitzen muß, und an sich sind meine Prognosen immer an die Person gebunden. Ich kann mich also nicht unbedingt auf Berlin, oder Deutschland, oder eine Partei konzentrieren, um 'ne Vorhersage zu machen. Aber wenn halt Leute aus der Politik oder Wirtschaft zu mir kommen, kann ich auch Bilanzen ziehen, und von deren persönlichem Schicksal ableiten, wie unser künftiges Geschehen eben politisch oder wirtschaftlich ist.

*Wes bedürfen Sie dazu? Genaue Geburtsdaten, das Fadenkreuz der Herkunft?*

Derjenige, der zu mir kommt, sollte erst einmal überhaupt nichts sagen, damit ich nicht beeinflußt bin, weil ich der Meinung bin, jemand, der wahrsagen kann, muß in der Lage sein, das Leben der Menschen selbst zu ergründen: die Gegenwart, die Vergangenheit und dann die Zukunft.

*Also derjenige, der kommt, soll nichts sagen?*

Der soll nichts sagen, damit ich nicht beeinflußt bin.

*Schade. Ich falle als Kandidat schon aus.*

*Sind schon Leute gekommen, die gesagt haben: »Momentchen mal, jetzt möchte ich aber meine Kohle zurück, Ihre Weissagung ist so was von ins Leere gelaufen.«?*

Nee, hab' ich noch nie erlebt.

*Ist noch nie passiert?*

Nee, hab' ich noch nie gehabt. Es kann passieren, daß nachträglich mal jemand sagt, daß sich da was mit der Zeit verschoben hat, daß es nicht August war, daß es September war, aber daß man so richtig danebenlag mit der Prognose, habe ich bis jetzt noch nicht gehabt.

*Wonach bemißt sich Ihr Honorar? Stechharter Blick durch die Brusttasche des Politikers?*

Nee, nee. Ich hab' 'n Einheitshonorar, aber für das Finanzielle ist mein Mann zuständig.

*Ah, dessen entziehen Sie sich? Das ist Prosa?*

Ja, ich denke mir, daß es für mich einfach besser ist, wenn ich mich mit dem direkt Materiellen nicht beschäftige.

*Fällt es aus der Vorstellungswelt einer Wahrsagerin, daß Geld im Grunde die Welt regiert?*

Man kann sich dem nicht immer entziehen, aber es sollte so sein.

*Sie sagen, Sie machen keine kollektiven Prognosen, aber gleichwohl, wenn wir an unser deutsches Vaterland denken, wird Ihnen da für 1994 eher wohl oder eher schummrig?*

Schummrig, würde ich sagen. Aber da ich ein Optimist bin, sage ich mir, wenn eine Situation in einem Lande komplizierter wird, daß man durch 'ne schwierige Situation eben Veränderungen einbringt, daß man menschlich näher zusammenrückt. Das werden wir in Zukunft alle müssen.

*Und wir sind in der Lage, uns an den Haaren gemeinsam aus dem Schlamassel herauszuziehen?*

Wir werden's müssen.

*Ohne Führer?*

Nicht in dem Sinne.

*Sondern?*

Es wird nach der Wahl im Herbst schon sehr kompliziert sein. Weil, so 'ne große Einheit oder zwei Parteien, die sagen, so, wir machen das jetzt, das werden wir nicht haben. Es wird 'ne große Zersplitterung sein, und da die Leute, die Politiker, nicht reif sind und die Macht in den Vordergrund stellen, wird's halt nicht so demokratisch zugehen, sondern es wird ein bißchen chaotisch sein. Da wir in Deutschland und in anderen Ländern wirtschaftlich sowieso in Schwierigkeiten sind und die Politiker das immer noch nicht eingestehen wollen, wird's in den nächsten Jahren komplizierter werden.

# Alles für die Katz'

Imke Krüger
Vorsitzende des »Vereins der Deutschen Katzenfreunde«
28. Janaur 1994

*Die Demoskopen, denen nichts entgeht, haben Schlafgewohnheiten untersucht. Nein, nein, nicht Ihre, Herrschaften. Ihre sind zwar touchiert, wie Sie gleich merken werden, aber die eigentlichen Schlafgewohnheiten, die untersucht worden sind, sind die von Katzen. Da kam Erstaunliches zutage, und dies bereden wir mit Imke Krüger. Die sitzt dem »Verein der Deutschen Katzenfreunde« vor, und das heißt Katzenfreunde und nicht Katzenbesitzer. Morgen, Frau Krüger. Jeder, der 'ne Katze hat, weiß, die kann man nicht besitzen, die Katze besitzt einen. Da, wo 'ne Katze ist, regiert die.*

Sehr wahr, sehr wahr! In der Tat! Denn als ich heute morgen aus dem Hause ging, war einer meiner Kater genüßlich auf dem Bett, und ich war eher die geschundene Kreatur, die auf die naßkalte Straße mußte, denn hier in Hamburg ist gruseliges Wetter, ich weiß nicht, wie's bei Ihnen ist.

*Ähnlich! Da helfen dann aber auch nur noch fürs geplagte Seelchen Katzen, und jeder, der eine Katze hat, der muß vorher natürlich mit sich seinen Frieden machen. Wie gesagt, die Katze hat die Regentschaft. Fünfzig Prozent aller Katzen schlafen am Fußende von Betten, andere treiben's noch toller, nicht?*

Also Ihre fünfzig Prozent, wissen Sie, das ist Katzenpolitik, würde ich sagen, denn die kluge Katze arbeitet sich ja langsam vor. Es gibt diese armen Katzen, bei denen man versucht, sie nicht zu lassen. Nämlich in das Schlafzimmer, nicht? Und dann fängt man vorsichtig an. Man hat eine Strategie als gute Katze. Mit dem Fußende, dann nähert man sich der Kniekehle, und als absolute Krönung kriegt man irgendwann ein eigenes Kopfkissen, weil der Mensch nicht bereit ist, seins weiter zu teilen.

*Der Prozentsatz derer, die freiwillig ansagen, daß die Ehe durch die Katze auf diese Weise krachen gegangen ist, ist ganz gering. Wie ist das bei Ihren Mitgliedern?*

Also ich muß Ihnen ganz ehrlich sagen, wahrscheinlich gibt's eher Krach darum, wer nun das Kopfkissen mit der Katze teilen darf, denn ich halte Katzen für absolut eheförderlich.

*Domestizieren lassen sich die lieben Viecher eh nicht. Sie gewinnen auch jeden Krieg. Die kommen ins Schlafzimmer über kurz oder lang?*

Also davon gehe ich aus. Wenn ich 'ne kleine Katze wäre, würde ich mir sagen: Was heißt hier »nein«? Ich versuch's einfach mit meinem spielerischen Charme, und ich werd' die schon soweit kriegen.

*Diese Hund-Herrchen-Nummer mit Knüppelschmeißen und so, die geht mit den Tieren nicht. Die drehen Ihnen hoheitsvoll den Hintern zu und wandern autonom ab.*

Und sehen Sie, dann läuft der Mensch hinterher und bittet die kleine Katze, daß sie doch endlich zu ihm ins Bett kommt.

*Eigenartige seelische Verfassung! Das kommt daher, daß in Kulturkreisen Katzen schon immer mit Menschen zusammengelebt haben.*

Das wird es sein, aber ich glaube einfach, daß viele Menschen heute eben freier und bewußter sind, auch mit ihren Emotionen besser umgehen können. So sind sie in der Lage, ein starkes Tier wie eine Katze nicht nur zu akzeptieren, sondern gut mit ihr zusammenzuleben und sich darüber zu amüsieren, was die so eigenständig von sich gibt. Sie erzieht uns Menschen ja ganz perfekt.

*Auch der Löwe und das Wilde wohnt in jeder Katze.*

Selbst in der ältesten, denn es gibt, glaube ich, nichts Zauberhafteres, als wenn man zum Beispiel 'nen sechzehn-, siebzehnjährigen Kater sieht, wie der auf einmal entdeckt, daß er früher Bocksprünge gemacht hat. Das ist ihm peinlich. Er fühlt sich beobachtet, weil wir Menschen dann erfahrungsgemäß kichern, aber es ist 'ne ganz tolle Sache. Es ist ein Stück großer Natur, die man sich da ins Haus holt.

*Und eine Grandezza, die auch ohne uns erhalten bliebe.*

*Ob wir ihn beobachten oder nicht. Er nimmt es zur Kenntnis, letztlich ist es der Katze schnuppe.*

Weil Sie gerade sagten »Grandezza«, daher vielleicht auch die veraltete Zuweisung Katze und Frau. Frauen hätten natürlich gern die Grazie, den Bewegungsapparat, nennen wir das mal so. Die Katze – die schleichend Elegante. Ist aber auch einfach unschlagbar. Ich finde, wenn man irgendwo eine Portion Ästhetik in sich hat, ist es eines der schönsten Tiere überhaupt.

*Es haftet dem nicht mehr das piefig Muffige an, weiß ich: Die steinalte Dame, die nur noch ihre Katze hat. Nein, nein. Die Katze liegt ja auch bei Yuppies voll im Trend.*

Ich sag' mir, die Katze geht von sechs bis sechshundert. Die ältere Dame hat sicherlich eine andere Erlebenswelt mit ihrer Katze als der Yuppie, der abends geschafft nach Hause kommt und nun fürchterlich den Finanzteil seiner Zeitung durchwühlt und es als ausgesprochen angenehm empfindet, daß eine Katze schnurrend um seine Beine streicht.

*Die Katze hat ja Gewohnheiten, die sind nicht auszurechnen. Die kann sie schlagartig ändern, übermorgen sind sie wieder da.*

Ich glaube, daß die Katze ein sehr guter Beobachter ist und die ganze Zeit bemüht ist, ihr Konzept durchzudrükken. Wenn sie merkt, es klappt im Moment nicht so, wird sie sich etwas zurückhalten, um dann den nächsten Vorstoß zu wagen.

*Können wir im Verhaltensmuster für uns selber was lernen?*

Abwarten, tolerant sein, beobachten, in sich gehen und dann vielleicht erst anfangen zu agieren.

*Und Lauerstellung.*

Lauerstellung ist gut. Das gefällt mir. Ich lauere jetzt aufs Wochenende.

*Besten Dank und guten Morgen.*

# Gurus, Geister und Propheten

Joachim Keden
Pfarrer in Dresden
10. Februar 1994

*Gestern sind also im Satans-Mörder-Prozeß in Sondershausen die Urteile ergangen. Die sind für Jugendstrafrecht vergleichsweise hoch ausgefallen. Wenn Sie sich, und das entspricht ja durchaus Ihrer Geisteshaltung, Herrschaften am Transistor, mit der rein justitiablen Angelegenheit nicht begnügen möchten, wenn Sie das aus dem Scheinwerferlicht ein wenig raus haben und Hintergründe haben wollen, dann können wir Ihnen möglicherweise eine Ausstellung empfehlen, die jetzt in Dresden läuft.*

*Morgen, Pfarrer Joachim Keden in Dresden, Sie haben diese Ausstellung beraten. Was ist das eigentlich?*

Der Titel heißt »Gurus, Geister, Heiler und Propheten«. Ein Teil befaßt sich dabei auch mit okkulten Strömungen, mit Spiritistischem, Satanistischem, und versucht, das darzustellen – was bedeutet, auf die Gefahren aufmerksam zu machen, die zum Beispiel mit dieser Sache zusammenhängen.

*Man steht bei einem solchen Prozeß dann zum Schluß doch wie ein Fragezeichen. Man will wissen, woher diese ungebremste Brutalität, dieses enorme Gewaltpotential, diese geminderte Reuefähigkeit kommen. Kriegen wir in Ihrer Ausstellung darauf 'ne Antwort?*

Ich denke schon. Wichtig ist, daß wir uns davon frei machen sollten, daß der Mensch von Grund auf gut ist. Die christliche Tradition weiß davon, daß der Mensch wirklich Böses bereit ist zu tun und auch brutal ist. Wir erleben es live auch im ehemaligen Jugoslawien, was da alles drinsteckt. Wenn ich meine okkulten Anteile pflege, die ich bestimmt auch habe – und alle anderen Menschen ebenfalls –, sie dann aufmotze mit Vorstellungen, die mit dem Satanismus zu tun haben oder auch nur mit spiritistischen Dingen – wenn ich dann nicht aufpasse, kann ich mir schon klarmachen, vorstellen oder auch vorschreiben lassen, einen anderen Menschen umzubringen. Das kann simpel anfangen mit Spielchen, Übungen mit rückenden Tischchen, Glasorakel, und so weiter.

*Mit der Konsequenz, daß dann die Sicherung, die Hemmschwelle, voll überschritten wird. Ob wir das nun Zivilisation, ob wir das nun moralische Bindung oder Ethik nennen, kann man mal dahingestellt sein lassen. Das spielt dann überhaupt keine Rolle mehr, diese Hemmung?*

Das ist weg. Das sind ja auch Tranceerlebnisse, die da gepflegt werden, und im Falle Thüringen ist es wohl so, daß es sehr bewußt praktiziert wurde. Was die jungen Leute dann letztlich innerlich bewegt hat, das wird wahrscheinlich von uns niemand erfahren. Ich denke, da haben wir einen Auswuchs von solcher Brutalität.

*Diese Trance, die Sie da aufrufen, die gibt aber keinen Wink dahin, daß Leute vielleicht minder schuldfähig wären?*

Ich denke nicht. Wir sind verantwortlich für das, was wir tun. Wir können das nicht an irgendwelche okkulten Gruppen oder Vorstellungen oder auch an den Satan delegieren.

Ich als Pfarrer, zum Beispiel, sage ganz deutlich: Ich muß mich auch vor meinem Schöpfer verantworten. Und das ist ein Hinweis darauf, daß ich mit anderen Menschen nicht machen kann, was ich will.

*Wie kommen Sie denn an Exponate? Ich stelle mir vor, daß es vergleichsweise schwer ist zu bebildern, was Sie da eigentlich ausstellen wollen.*

So schwierig ist das nicht. Wir haben eine ganze Reihe von solchen Dingen bekommen, zum Beispiel von jungen Leuten, die ausgestiegen sind, die mit diesen Dingen nichts mehr zu tun haben wollen. Wir helfen ja Betroffenen und versuchen, Alternativen zu benennen. Es sind Großbilder, sind Großtafeln, es sind Stücke, mit denen da hantiert wird, aber es ist keinesfalls 'ne grausame Ausstellung. Es zeigt einfach die Hintergründe auf und was auf dem Markt als Sinn angeboten wird. Das sind zum Teil abscheuliche Sachen, auch Denkgebäude und Ideologien, Hinweise darauf, wie man in solche Gruppen hineingerät und wie man hoffentlich auch wieder rauskommt.

*Sie haben ja gleich zu Beginn des Gesprächs diesen psychologischen Ansatz freipräpariert und 'nen religiösen. Gibt's auch einen sozialen?*

Aber sicher! Es ist so, daß wir den Eindruck haben, seit junge Leute zum Beispiel von Arbeitslosigkeit betroffen sind, seit sie auch – außer Konsum – keine Sinnangebote von Erwachsenen bekommen – junge Leute bohren tiefer und versuchen natürlich auch hinter die Dinge zu stoßen –, seit dieser Zeit explodiert diese Sehnsucht nach einer heilen Gruppe, nach einer abgeschlossenen esoterischen Gemeinschaft, nach Kontakten, die ich in so 'ner Gruppe habe. Viele Leute gehen in solche Gruppen auch hinein, weil sie einsam sind, weil die Gesellschaft sich atomisiert hat.

Wir beginnen zum Beispiel mit einer riesigen Kleinanzeigentafel, auf der alle diese Sinnangebote in irgendeiner Form vorhanden sind, und zeigen dann, wie die Sinnangebote dann zu Gruppen führen, etwa zum Universellen Leben mit einem Medium, Gabriele Witteck, oder mit Frau Bertschinger mit »Fiat Lux«, oder bei »Scientology«. Hinter diesen Gruppen entfalten sich oft riesige Systeme oder Wirtschaftskombinate – wenn ich diesen Ausdruck mal benutzen darf –, die auch für Unternehmen gefährlich werden können, wenn sie sich in solche Hände begeben.

*Wirtschaftskombinat ist gar nicht so schlecht, weil, da trifft möglicherweise auch die hohe kriminelle Energie zu.*

Das hat die Staatsanwaltschaft zum Beispiel in München »Scientology« bescheinigt. Und ich denke, daß es für alle wichtig ist, darüber Informationen zu haben. Ich glaube, wenn man weiß, was sich hinter den Kulissen abspielt, wird man sehr nachdenklich und vorsichtig.

Es gibt auch Tondokumente. Sie können einen Großteil der Gurus hören. Sie können versuchen, dem nachzulauschen, was eigentlich gesagt wird, wenn es zum Beispiel um obskure Therapieangebote geht.

*Ist denn das kleine Stück Aberglaube, der Wurmfortsatz der dunklen Seite in uns, der ja immer irgendwo ein bißchen durchschaut, ist das schon 'ne Einstiegsluke? Darf ich mein Horoskop nicht mehr lesen? Bin ich dann schon hoch gefährdet?*

Ich denke, das ist keinesfalls 'ne Gefährdung. Das ist für

manche Leute 'ne Spielerei. Nur muß ich die Grenzen kennen. Wenn ich mich davon bestimmen lasse, wenn Sie zum Beispiel heute morgen gelesen haben, daß Sie nicht ins Studio gehen sollen, und nicht gehen, dann wird's gefährlich.

# Folklorewoche statt Boykott

Günther Wallraff
Schriftsteller
14. Februar 1994

*Exakt vor fünf Jahren ist in Teheran aus dem Munde des Ajatollah Khomeini der Mordbefehl gegen Salman Rushdie ergangen. Fünf Jahre, das ist eine lange Zeit. Der Protest hat sich formiert. Er ist stärker geworden. Es soll auch wieder Aktionen geben, in Nordamerika und in Europa, aber nachgerade macht das, und also guten Morgen, Günther Wallraff, einen doch leicht hilflosen Eindruck.*

Es sind bisher immer Lippenbekenntnisse. Jetzt hat ja nun endlich als Schlußlicht von den europäischen Staaten auch Deutschland sich bequemt – einige Spitzenpolitiker –, Solidaritätsworte zu finden. Das war gar nicht so leicht. Ich hab' die Gespräche eingefädelt, zu Kinkel, zu Scharping. Bei Blüm und Rau übrigens war es überhaupt kein Problem, aber bei den anderen war es etwas mühsam.

*Haben Sie 'ne Erklärung dafür? Ich meine, man hätte ja eigentlich vom Chef des Außenamts entschieden eher ein deutliches Wort erwarten können.*

Die fühlen sich zuständig fast ausschließlich für Wirtschaftsinteressen, und man muß wissen, daß Deutschland auch der wichtigste westliche Handelspartner für den Iran ist. Man könnte hier Druck ausüben – allein mit der Drohung, die Handelsbeziehungen abzubrechen, einen Wirtschaftsboykott zu veranlassen. Der Iran ist ja sehr clever. Er ist auf die Wirtschaftsinteressen mehr angewiesen als Deutschland auf den Iran, weil er das ganze technische Know-how inzwischen von Deutschland bekommen hat. Man hat aber den Eindruck, daß die zuständigen Politiker da nicht rangehen. Kinkel hat zwar einen kritischen Dialog angekündigt, aber bisher hat man nicht vernommen, daß da auch nur irgendwas an Kritik geübt wurde. Es ist also ein ziemliches Trauerspiel. Man muß davon ausgehen: Solange das Regime im Iran existiert, bleibt die

Fatwa, der Mordbefehl, bestehen. Das hat Rafsandshani vor kurzem noch im Interview mit einem ägyptischen Journalisten bekräftigt. Der Iran ist eines der schlimmsten Folter- und Terrorregime der Welt. Dort werden täglich Menschen inhaftiert und gefoltert. Wenn man dann weiß, daß man sich mit dem Chef dieser Foltertruppe, dem Geheimdienstchef Fallahian, hier in Deutschland vor kurzem wie mit einem Ehrengast an einen Tisch setzte, dann ist das schon ein Trauerspiel.

*Aber ist es nicht vorderhand so, daß die Iranis aus dieser politischen Abseitsfalle nicht rauskommen, selbst wenn sie wollten? Es ist ein psychologisches Problem, daß es für sie ein eminenter Gesichtsverlust wäre, wenn sie umkehrten.*

Also Experten sagen, und auch Clinton hat das bei seinem Treffen mit Salman Rushdie so deutlich gesagt, daß der Schlüssel ganz eindeutig bei Deutschland läge. Würden die wirklich wollen, dann würde der Iran auch einen Weg finden, da rauszukommen, weil auch islamische Rechtsgelehrte sagen, daß so eine Fatwa eigentlich nicht mehr durchgesetzt werden muß, wenn derjenige, der sie aufgestellt hat, also Khomeini, gestorben ist.

*Ist es aber nicht so, daß sich ein richtig radikal Verbiesterter zum Schluß an das Wort des Ajatollah Khomeini gebunden fühlt, selbst wenn seine Enkel das irgendwann mal kassieren?*

Sehen Sie mal, die sind ja auch nicht im strengen Sinne Gläubige. Wer die Verhältnisse im Iran kennt, und ich habe Kontakt zu amnesty international und zu vielen, die auch da waren und auch inhaftiert waren. Wenn man sich das genau ansieht, dann ist es so, daß die zum Teil ja ganz anders leben. Die saufen heimlich, die huren rum, und nach außen hin predigen sie etwas, was sie eben im Grunde genommen längst nicht mehr nachleben. Von daher würden sie auch 'nen Weg finden, dieses Todesurteil zu beseitigen, wenn sie wirklich noch größere Probleme dadurch bekämen. Der Iran ist zur Zeit wirtschaftlich sehr angeschlagen, und es gibt wirklich Hoffnungen, daß das Regime irgendwann Bankrott anmelden muß. Nur, wir tun so gut wie nichts dazu, daß sich das beschleunigt. Ich war gerade noch vor zwei Tagen auf 'ner Tagung von amnesty international. Im Iran werden also wirklich täglich Menschen umgebracht. Jetzt gerade wieder zwei Frauen, denen Ehebruch vorgeworfen wird. Die werden öffentlich gesteinigt. Nach diesem islamischen Recht wird genau vorgeschrieben, wie groß die Steine zu sein haben, nämlich nicht zu groß, damit die Qual des Sterbens möglichst lange anhält. Also wenn Sie das alles hören und wirklich an sich rankommen lassen, dann müßte auch ein Politiker mal Phantasie entwickeln und nicht nur hier als Vollstrecker von Wirtschaftsinteressen fungieren.

*Könnten wir denken, daß da in den zuständigen Wirtschaftsverbänden auch die Geisteshaltung vorherrscht, daß man in Zeiten konjunktureller Flaute solch zarte Rücksicht nicht nehmen kann?*

Unsere Konzerne, voran Thyssen, lassen sich da absolut nicht beeindrucken. Die machen dann in Folklorewochen, anstatt Druck auszuüben. Die sind nämlich ganz nahe dran, aber bisher hat man nichts unternommen, die machen einen ganz großen Bogen um die Menschenrechte.

Man muß auch sehen, daß der Iran neuerdings dazu übergegangen ist, Geiseln zu nehmen. Wenn da Wirtschaftsleute inhaftiert werden unter dem Vorwurf, sie hätten Spionage begangen, dann ist das wirklich nur ein Vorwand. Man möchte damit ein Faustpfand haben, um die Killer, die in Berlin bei dem Mykonos-Prozeß vor Gericht stehen, freizubekommen. Und das Gericht, so habe ich von Insidern in Berlin gehört, steht unter enormem Druck vom Kanzleramt, vom Schmidtbauer, daß die unter Umständen das Urteil milder sprechen.

*Ist da von Ihrer Seite eine richtige Biegsamkeit zu erkennen bei dem Gericht?*

Ja, man wird jetzt gespannt sein, wenn Schmidtbauer selbst in den Zeugenstand muß, weil dann unter Umständen – sollte er die Wahrheit sagen und sich da nicht auf überstaatliche Interessen berufen – rauskommen wird, wie die Bundesrepublik den iranischen Geheimdienst unterstützt hat. Nämlich schon seit Jahren über den Bundesnachrichtendienst. Er hat Ausbildungsbeihilfe für Geheimdienstleute, für Folterer geleistet und ihnen Personalcomputer geliefert, womit letztlich Regimegegner erfaßt und noch lückenloser überwacht werden können. In einem wirklich demokratischen System müßte, wenn so etwas bekannt wird, derjenige, der das zu verantworten hat, zurücktreten. Bei uns gab das zwar einen rauschenden Blätterwald, aber man ist zur Tagesordnung übergegangen. Das ist 'ne Katastrophe.

# Eine persönliche Begegnung mit dem Wort Gottes

Ludger Feldkämper
Generalsekretär der Katholischen Bibelföderation
16. Februar 1994

*Generalsekretär der Katholischen Bibelföderation. Das klingt dem brandenburgischen Ohr zugegebenermaßen etwas fremd. Ludger Feldkämper is' es und hat überdies mit seiner Föderation die Anregung zu einer »Bibel-Bischofskonferenz« gegeben. Die beginnt heute in Freising. Helfen Sie, und also guten Morgen, Herr Feldkämper, dem säkular-protestantischen Gemisch in Brandenburg auf die Beine? Was is'n das?*

Ja, die Katholische Bibelföderation. Es ist eine Vereinigung Katholischer Bibelwerke. Ein Pendant sozusagen zum Weltbund der Bibelgesellschaften. Die Bibelgesellschaften sind ja zumeist protestantischen Ursprungs, stehen aber im Dienste aller Kirchen. Der Katholischen Bibelföderation mit ihren Mitgliedern in 96 verschiedenen Ländern der Welt ist daran gelegen, den Katholiken die Bibel nahezubringen, also allen Gläubigen den Zugang zur Heiligen Schrift zu eröffnen im Sinne des Zweiten Vatikanischen Konzils.

*Sie sagen schon: Im Sinne des Zweiten Vatikanischen Konzils. Ist das also nur Wegweiser, Ausdeutungshilfe, oder Dogma?*

Ja, Wegweiser, Ausdeutungshilfe – ganz sicher. Daß der Gläubige in seinem Alltag aus der Heiligen Schrift, aus Gottes Wort Anregung, Licht, Kraft schöpft. Darum geht es.

*Dazu konferieren Sie heute in Freising, und da kommen viele zu Ihnen.*

Ja, dazu kommen zunächst einmal Bischöfe aus allen europäischen Bischofskonferenzen. Eingeladen sind jeweils die Bischöfe, die zuständig sind für Bibelarbeit oder für ein Gebiet, das mit Bibelarbeit sehr eng verwandt ist. Dazu kommen dann auch die Hauptverantwortlichen der

Bibelarbeit in diesen Ländern. Zum Beispiel hier in Deutschland ist es der Direktor des Bibelwerkes in Stuttgart, das Verantwortung trägt für die Katholische Kirche in ganz Deutschland.

*Ein Lutheraner kann ja damit was anfangen, daß die Bibel als einzig gute Quelle beigezogen wird, aber gleichwohl: Wie läuft denn das bei Ihnen ab? Haben die Herren da die Heilige Schrift auf den Knien und blättern drin und lesen sich gegenseitig was vor?*

Ja, das tun sie auch. Es kommt zu Bibelgesprächen, zur persönlichen Begegnung mit dem Wort Gottes, aber dann kommt es auch – und vor allem – zum Austausch. Ja, wie macht man das heute ganz konkret, also den Menschen von heute die Bibel nahebringen.

*Aber das ist ja 'ne Veranstaltung von didaktischem Rang.*

Auch, auch, jawohl. Also es geht nicht in erster Linie um Bibelforschung, die Bibel ist ja kein Buch, über das man immer mehr wissen muß, sondern ein Buch der Weisungen, sozusagen. Also etwas, das man versteht und in seinem Alltag umsetzt.

*Gut. Nun kommen Bibeln der sonderlichsten Art auf den Markt und auch in Gebrauch. Was halten Sie von denen? Beispielsweise Comic-Bibeln, Foto-Bibeln, die ja alle mit dem gleichen Argument kommen: Die sagen, der Text sei so verständlich nicht mehr, es bedürfe solcher neuen Hilfsmittel.*

Ja, also, grundsätzlich will ich sagen, sind wir offen. Man muß sich in Erinnerung rufen: Bevor die Biblische Botschaft Buch wurde, war sie ja Lied, war sie Erzählung, war sie Feier, und diese verschiedenen Möglichkeiten der Vermittlung, meine ich, die sind heute auch angebracht. Es gibt sogar neue Möglichkeiten – eben durch die Medien, Audio, Video, und so weiter. Möglichkeiten, die frühere Generationen oder andere Kulturen in dem Maße nicht hatten.

*Also das war der Zugriff und die Ausdeutung. Aber der Vorwurf bleibt im Raume stehen, daß es hier wirklich um eine Festnagelung auf ein Dogma geht, sozusagen der verlängerte Arm der Glaubenskongregation.*

Nein, das ist nicht so zu verstehen. Das Konzil hat sehr die Mündigkeit der Christen, der Katholiken betont. Wie es mit der Umsetzung ist, das ist natürlich 'ne andere Frage, aber gerade die Bibel gibt uns die Möglichkeit, die Gläubigen zunächst einmal zu dieser Mündigkeit zu befähigen, und dann auch ..., wie soll ich sagen ..., an ihrem Ort, wo sie stehen, an ihrem Platz zunächst einmal aus dem Wort zu leben, und dann auch, wo Sie gerade Kirche und Kirchenstrukturen ansprechen, dazu beizutragen, daß sich da etwas ändert.

*Legen Sie denn auch mal den Koran daneben?*

Sicher, das ist natürlich verschieden. Zum Beispiel unsere Mitglieder in Asien. Also da ist ein Gebot der Stunde, kann man fast sagen, die Heilige Schrift, unsere Heilige Schrift, die Bibel, auch im Zusammenhang mit anderen Heiligen Schriften zu verstehen. Der Dialog mit anderen Religionen ist, zumal in Asien, aber auch hier bei uns, angebracht. Und gerade das Konzil hat uns da auch wieder Hilfen gegeben, oder Richtlinien.

*Aber es bleibt für Sie dann das Evangelium doch das einzige Nadelöhr und Zugang zum Herrn.*

Ja ..., ja ..., also ...

*Also der Weg ist über den Koran blank nicht zu schaffen?*

Äh ..., gut, als Christen, als Katholiken hatten wir uns zunächst einmal an unsere Tradition gebunden. Aber bei aller Offenheit allen anderen Suchenden gegenüber – wir sind ja auch auf der Suche, und wenn wir sagen, die Bibel ist für uns das Wort Gottes, da sind wir dann gleichzeitig offen für andere Möglichkeiten in der Selbstoffenbarung Gottes. Aber in vorzüglichem Maße hat er sich ja in Jesus Christus geoffenbart, und das inspirierte Gotteswort, die Heilige Schrift, ermöglicht uns den Zugang zu Jesus Christus. Durch diesen Glauben aus der Bibel heraus verstehen wir unser Leben, können wir unser Leben gestalten und gleichzeitig mit anderen in brüderlichem, geschwisterlichem Dialog stehen.

# Systemnähe als Kündigungsgrund

Harald Schliemann
Richter am Bundesarbeitsgericht Kassel
17. Februar 1994

*»Vom DDR-Staatsdiener zum Beschäftigten im Öffentlichen Dienst, Überprüfungen im Öffentlichen Dienst«– das ist eine Themenpalette, die reicht locker, um drei Tage mit Referenten und Konvivien zu füllen. Das tut die ÖTV seit gestern in ihrer Bildungsstätte am Kochelsee. Es ist uns natürlich unmöglich, das Gesamtbündel aufzuschnüren. Ich hab mir nur eins rausgesucht. Dies ist interessant und wird morgen referiert von Harald Schliemann, Richter am Bundesarbeitsgericht in Kassel. Ihr Thema, und also guten Morgen, Herr Schliemann, ist »Systemnähe als Kündigungsgrund – Grundsatzurteile«.*

*Welche sind denn eigentlich schon ergangen?*

Wir haben zwei große Kündigungsgruppen im Einigungsvertrag: das eine ist »Kündigung mangels Eignung«, das andere ist »Außerordentliche Kündigung wegen groben Verstoßes gegen Menschenrechte oder Tätigkeit für das MfS«.

*Lassen Sie uns mal mit der Wurscht vorn anfangen. Was is'n »mangels Eignung«?*

»Mangels Eignung«, das kann auch die persönliche Eignung umfassen – es kann auch die fachliche sein, hier steht die persönliche im Vordergrund. Es ist die Frage, ob sich jemand mit dem politischen System der DDR so eingelassen hat, daß man heute sagen muß, wenn wir das alles wägen, auch sein Verhalten nach der Wende wägen, dann reicht es leider Gottes immer noch nicht, um zu sagen: »Wir sind überzeugt, er steht auf dem Boden der freiheitlich demokratischen Grundordnung.«

*Hmm, ist natürlich schwierig, weil, es gibt ja keinen Geigerzähler.*

Nein, den gibt es nun leider nicht, oder auch Gott sei Dank nicht. Der erste Punkt, den ich allerdings dazusagen muß: Die Möglichkeit der Entlassung »mangels Eignung« ist mit dem Jahresende 1993 ausgelaufen.

*Wie steht's denn um die anderen beiden?*

In den anderen beiden Fällen ist es immer noch möglich, das steht ja auch vor dem großen Hintergrund der Auskünfte aus der Behörde des Bundesbeauftragten für die Stasi-Unterlagen, denn der Riesenberg ist immer noch nicht abgetragen und kann es auch noch nicht sein, so daß also dort zu erwarten ist, daß es noch zu Entlassungen von Leuten kommt, die für das MfS gearbeitet haben oder grob gegen die Grundsätze der Menschlichkeit oder Rechtsstaatlichkeit verstoßen haben.

*Und jetzt kommt natürlich die Ausdeutung der Auskünfte. Da verfährt häufig jede Behörde anders und natürlich auch so manches Bundesland. Wie weit sind denn da Vorschriften oder Erlasse überhaupt schon harmonisiert oder vergleichbar?*

Es gibt keine Vorschriften und Erlasse an der Stelle. Es gibt das Gesetz, hier in Form des Einigungsvertrages. Es gibt dann die Handhaben der Behörden und Länder, die nun als erste gefordert sind zu prüfen, was sie mit ihren Mitarbeitern denn nun machen, die sie in der Einigung alle in einem großen Schwung bekommen haben. Dann gibt es nur die Möglichkeiten der Rechtsprechung zur Kontrolle, wobei die Aufgabe des Bundesarbeitsgerichts in vorderster Linie die ist, erstens zu sagen, was gilt denn nun innerhalb der Gesetze an Grundsätzen, zweitens aber auch dafür zu sorgen, daß die Handhabe bei den nachgeordneten Gerichten möglichst einheitlich bleibt.

Aber: Wir haben einen wesentlichen Unterschied zur DDR. In der DDR war es möglich, daß ja selbst vom Justizministerium aus dem kleinen Kreisgericht Aue eine Weisung erteilt wurde, bindend. Das ist so nicht möglich, bei uns.

*Sind bei Ihnen schon letztinstanzliche Urteile ergangen?*

Ja. Wir haben Grundsatzurteile zur Frage der »mangelnden persönlichen Eignung«, also diesem Tatbestand, der ja nun inzwischen ausgelaufen ist. Wir müssen natürlich noch Fälle abarbeiten daraus, aber es gibt keine neuen Entlassungen deswegen, und wir haben auch Grundsatzurteile gemacht zur Frage der Tätigkeit für das

MfS. Zur Menschlichkeit haben wir noch nicht so richtig was, das liegt ja immer daran, wann die Fälle zu uns gelangen. Wir können uns ja nicht hinsetzen und warten, bis wir ein volles Puzzle haben, sondern wir müssen die Fälle natürlich auch zeitgerecht erledigen.

*Das Problem umfaßt ja schon Anatole France, der mit unserer Sache nichts zu tun hat und darum als Kronzeuge nicht verdächtig ist, der gesagt hat: »... Das Recht in seiner erhabenen Schönheit verbietet es Armen und Reichen gleichermaßen, unter Brücken zu schlafen ...«*

*Das ist also der allgemeine Rechtsrahmen, und der muß mit einem individuellen Schicksal ausgefüllt werden oder umgedreht. Also wie bringt man das zueinander? Wo hört's auf, wo fängt's an?*

Das Wichtigste ist erst mal, daß wir es mit Zivilprozessen zu tun haben. Wir sind darauf angewiesen, daß uns von den Gerichten die Tatsachen geliefert werden. Wir ermitteln nicht wie der Staatsanwalt oder ähnliches. Das zweite ist, daß wirklich auch die Einzelfälle geprüft werden. Das ist eines der ganz wesentlichen Grundsatzurteile, wie wir's gemacht haben. Also nicht schematisiert. Eben nicht, wie sagten Sie eben so schön, Geigerzähler. Da würde man ja eine Norm eingeben, und der knarrt das dann wieder raus ...

*Was ja passiert ist.*

Ja, man muß das relativieren. Natürlich muß eine Behörde in sich stimmig arbeiten. Auch ein Land muß in sich stimmig arbeiten. Aber trotzdem muß immer noch jeder Einzelfall geprüft werden. Sehen Sie, das ist ganz einfach: Der eine hat mal irgendwann vor, was weiß ich, zwanzig Jahren in der Wehrpflicht was fürs MfS gemacht, ja, das wiegt mit Sicherheit sehr viel leichter, als wenn einer fünf Jahre bis zur Wende, und ohne daß man feststellen kann, ob er überhaupt aufgehört hat, geliefert hat. Diese Dinge, die muß man individualisieren. Und da gibt es irgendwo gar kein Schema, daß man sagen kann: »Wenn das dann so ..., denn das dann immer so ...« Solche Schemata verbieten sich einfach deswegen, weil wir es hier mit Entlassungstatbeständen zu tun haben, bei denen wir immer prüfen müssen. Ich muß allerdings auch eines sagen: Das Gesetz selbst, der Einigungsvertrag selbst, fixiert natürlich auch erhebliche Vorgaben. Daran kommen wir nicht vorbei.

*Hier macht natürlich häufig der Verdacht die Runde, daß die Behörde auf diese Weise eine sehr leichte Möglichkeit hat, sich auch von überhängigem Personal zu trennen.*

Das wäre nicht der richtige Weg, wenn man den so beschreiten wollte. Wir haben neben der »Kündigung mangels Eignung« immer noch die »Bedarfskündigung« gehabt. Das ist so ein Ableger für betriebsbedingte Kündigungen des Kündigungsschutzgesetzes, das in der Bundesrepublik seit 1953 galt. Aber diese »Bedarfskündigungen«, das sind dann wirklich Fälle, bei denen man sagen muß, Ihr habt hier 'ne Verwaltung, was weiß ich, hundert Leute, wir erledigen dasselbe Problem bei uns aber mit geringerem Aufgabenzuschnitt, nur mit zehn. Wir haben das ganz kraß gehabt bei den Stillegungen – die berühmte »Warteschleife«. Das ist alles schon abgewickelt. Das sind ganz verschiedene Tatbestände.

Was kritisch ist, aber das hat nichts mit Regimenähe zu tun, sondern mit Ausbildung: Unter denselben Berufsbezeichnungen verbergen sich Leute mit ganz unterschiedlichen Ausbildungsinhalten Ost und West. Aber das ist ein ganz anderes Thema.

*Wenn ein politisches Patt da ist in Bonn, ob nun bei Bundeswehreinsätzen oder bei medienpolitischen Fragen, und so weiter, dann wird die Entscheidung gern zu den Gerichten rübergeschoben. Müssen Sie die Hausaufgaben der Politik erledigen?*

Ich habe nicht den Eindruck, daß wir primär die Hausaufgaben der Politik in diesem Felde zu erledigen hatten, das muß man fairerweise sagen. Ich halte es schon für eine sehr klare Regelung im Einigungsvertrag, mit der man eigentlich leben kann. Die Regelung ist ja auch sehr bewußt getroffen worden, sehr gut ausgehandelt worden. Das muß man wirklich respektieren. Das heißt, daß wir die Verlängerung des politischen Kampfes mit gerichtlichen Mitteln darstellten, das ist in diesem Feld nicht festzustellen.

# Die deutsche Trikolore als Gebrauchsgegenstand

Christoph Stölzl
Generaldirektor des Deutschen Historischen Museums
18. Februar 1994

*Ihr Augenmerk jetzt mal woandershin, wenn's recht ist. Nämlich zunächst mal nach Lillehammer. Dort werden Fähnchen geschwenkt von den Norwegern, und wir können ein positiv bejahendes Verhältnis des Volkes zum Banner erleben. Der Däne liebt und ist stolz auf seinen* Danebrog, *den Franzosen schlägt ihr nationales Herz bis hoch zum Halse, wenn sie an ihre* Trikolore *denken, und vom parfümiert-mythischen Qualm um* Stars and Stripes *wollen wir mal gar nicht reden. Dazu würden die Kids heut' Megakult sagen.*

*Welche emotionale Bewegung wird denn nun bei Ihnen losgetreten, an den Transistoren, wenn ich Ihnen anvertraue, daß heute vor fünfundsiebzig Jahren die deutsche Fahne das geworden ist, was sie ist – so 'ne Art Nationalfahne?*

*Erklären Sie uns doch, und zunächst also guten Morgen, Christoph Stölzl, Generaldirektor des Deutschen Historischen Museums, wie's damals kam.*

Die deutschen Fahnenfarben sind ja sehr viel älter. Die schwarz-rot-goldene Trikolore ist die Fahne der deutschen Demokratie, des demokratischen Nationalstaates oder der Sehnsucht nach einem demokratischen Nationalstaat seit den Napoleonischen Kriegen. Es hat viele Irrungen, Wirrungen und Zwischenstadien gegeben, bis endlich die erste deutsche Demokratie der zwanziger Jahre sich dazu bekannt hat.

*Damit wollten die die demokratische Gesinnung manifest machen.*

*Ist denn jemals hinreichend aufgeklärt worden, woher die Farben kamen? Die einen sagen, es ist die Farbe der Glut, des Feuers und des Rauches, die anderen sagen nee, nee, es ist ganz einfach die Farbe der Uniformen.*

Wie immer verwischen sich bei Traditionen Einbildungen und Wahrheit. In Wahrheit war es wohl so, daß diese preußischen Freiwilligenregimenter sehr schnell ausgerüstet werden mußten, 1813 gegen Napoleon, und da hat man die normalen Bürgerkleider schwarz gefärbt, und dann hat man noch rote Paspeln und goldene Knöpfe drauf getan. Daher blieb bei den Studenten, die dabeigewesen waren im Kampf gegen die napoleonische Diktatur, dieser Farbdreiklang als eine Art demokratisches Symbol übrig, und sie haben ihre Studentenfahnen 1817 auf der Wartburg so gefärbt. Und später, als dann dies eingemeindet werden sollte, 1848, vom verschreckten Deutschen Bund, in eine gewisse Staatlichkeit, hat man so getan, als seien das auch die mittelalterlichen deutschen Farben – aber das gab's ja gar nicht. Es gab wohl das kaiserliche Gelbgold und einen schwarzen Reichsadler, der eine rote Zunge hatte, aber das war eben eine rote Adlerzunge und keine Trikolore. Unsere Trikolore ist ganz sicher in der Anlehnung an die französische gemacht, eben als eine große demokratische Fahne. Die wirklich Obrigkeits- und staatlich Gesinnten haben das auch immer gewußt: Otto von Bismarck hat diese Fahne gehaßt. Er hat sie 1852 selbst einholen lassen, als letzten Rest der demokratischen Revolution von 1848, und hat sich persönlich sehr massiv dafür eingesetzt – mit Erfolg für ein halbes Jahrhundert –, daß nicht schwarz-rot-gold, die Demokratie, sondern schwarz-weiß-rot, die preußischen und die hanseatischen Farben, als Farben des nordischen Bundes dann deutsche Reichsfarben geworden sind.

*Auch Herr Hitler fand die Fahne ziemlich zum Kotzen.*

In den zwanziger Jahren gibt es ja einen Farbenstreit, der 1932 im großen Reichstagswahlkampf das ganze Land sichtlich gespalten hat. Je nach Sympathie hängten die einen schwarz-rot-gold – leider weniger – und die anderen mehr schwarz-weiß-rot zu den Fenstern heraus, und die Nazis hatten von Anfang an ihr Hakenkreuz auf diese schwarz-weiß-rote, die imperialistische, die aggressive, die militaristische Farbkombination getan.

*Wie kommt's, daß gleichwohl jene, die sich der Fahne, also auch der demokratischen Idee verpflichtet fühlen, zu dieser Fahne diese innige Bindung nicht unterhalten wie andere Völker?*

Ja, das ist traurig, muß man sagen.

Ich finde, daß das ein Defizit bei uns ist und daß man sich besinnen sollte, daß dies die Fahne der Demokratie ist, von Freiheit, Gleichheit und Brüderlichkeit, und daß man sie zeigen soll. Eigentlich ist es ganz gut, daß nicht wie früher manchmal als Mißverständnis die Rechten schwarz-rot-gold verwendet haben, sondern jetzt unsere bösen Rechten wieder schwarz-weiß-rot zeigen, um damit deutlicher erkennen zu lassen, an welchen negativen Traditionen sie sich orientieren. Ich finde, schwarz-rot-gold kann man sehr gut feiern nach den Ereignissen von 1989/1990, wo sie ja auch in der DDR als die Einigungs- und demokratische Fahne gezeigt wurde.

*Hat das mit Angst auch vor der eigenen Courage, mit Angst vor der eigenen Geschichte zu tun? Möglicherweise ja auch mit der Befürchtung, daß Dinge wieder durcheinandergeraten. Nämlich ein Patriot zu sein, wie es Thomas Mann wohl gemeint haben mochte, nicht ein Nationalist.*

Die Deutschen wissen natürlich leider auch zu wenig. Man merkt es immer in Gesprächen. Daß sie mit der Bedeutung schwarz-rot-gold eigentlich nicht das verbinden, was es ist. Bei uns ist das Rot die Fahne der Barrikade, des Aufruhrs. Da sagt man: »Ah, das sind die Demokraten, die Extremen des 19. Jahrhunderts gewesen.« Das stimmt nicht. Was man jetzt mit rot assoziiert, ist damals schwarz-rot-gold gewesen. Und ich finde, das sollten wir etwas deutlicher sagen, daß die Deutschen insgesamt nach ihrer grauslichen Geschichte, nach dieser mißlungenen, katastrophalen, verschuldeten Geschichte überhaupt den Begriff der Nation schwierig sehen und sich wahrscheinlich ein paar Generationen lang nicht einigen können. Das wird man nicht aus der Welt reden. Aber durch Erinnerung kann man ja manche Sache etwas deutlicher machen.

*Es ist auch schwierig, es herbeizudefinieren – die Fahne als Sinnbild und Ausdruck der Nation. Offensichtlich haben wir noch ein angeschlagenes Verhältnis dazu.*

Ja, das haben wir. Aber das, muß ich sagen, macht ja auch nichts. Ich meine, fünfzig Jahre sind eine sehr kurze

Zeit, wenn man diese Erinnerung bedenkt, mit der wir verbunden sind. Trotzdem haben sich die Deutschen 1989/1990 zu einer sehr altmodischen Form der Staatlichkeit entschlossen, nämlich zum Nationalstaat, zum demokratischen Flächennationalstaat, wo alle gleich und hoffentlich gleichberechtigt sind. Und dafür steht nun mal im europäischen Konzert seit 1789 auch so etwas wie ein Farbsymbol, die Trikolore. Also wer A sagt, sollte dann auch B sagen und sich darüber freuen, daß wir einen großen demokratischen Nationalstaat haben. Ich habe gar nichts dagegen, daß man so wie die Amerikaner, Schweden, Dänen auch bei Festen und all diesen Dingen die Fahne mehr als etwas Selbstverständliches aufziehen sollte. Nicht so obrigkeitsstaatlich, so feierlich mit Adler und allem, sondern einfach als ein demokratisches Vergnügen.

*Als Gebrauchsgegenstand.*

Als Gebrauchsgegenstand und nichts anderes. So wie im 19. Jahrhundert die Handwerker und die Studenten und alle, die sich nach Freiheit gesehnt haben, diese drei Farben getragen haben – als etwas Selbstverständliches.

*Und damit wir uns fortan nach innen nicht vor die Füße fallen, weisen wir Herrn Schäubles Vorschlag mit der Bundeswehr zunächst mal ins Reich der Phantastik und haben uns sicherheitshalber auch noch föderale Strukturen eingebaut.*

Ja, ich glaube auch, man muß nicht Angst vor Deutschland haben. Trotz aller Stänkereien. Die anderen haben auch Trikoloren. Also wollen wir es, so wie es 1832 auf dem Hambacher Fest ja schon war, wo die deutsche Trikolore mit anderen vereint wehte, und die Leute sagten, daß dieses demokratische große Deutschland bald im Verein mit einem föderalisierten Europa gemeinsam den Fortschritt erkämpfen wird. Also die haben schon auch was geträumt, und warum sollen wir das nicht wieder träumen und das mit dieser nun inzwischen vertrauten Trikolore verbinden.

# Gartenzwerge unter internationalem Schutz

Fritz Friedmann
Gründer der »Internationalen Vereinigung zum Schutze der Gartenzwerge«
21. Februar 1994

*Die Schwachen und Schutzlosen bedürfen unseres Beistandes und sollen sich unserer Obhut freuen. Das hat sich auch Fritz Friedmann gesagt, weil, er hat entdeckt, daß der Gartenzwerg verfemt, verunglimpft, verleumdet und zerstört wird, und hat das nicht mehr hinnehmen mögen und schon Anfang der achtziger Jahre einen internationalen Verband zum Schutze des Gartenzwerges gegründet.*

*Können Sie denn, und also guten Morgen, Fritz Friedmann in Basel, können Sie denn bilanzierend festhalten, daß dieser Schutz Erfolge zeitigt?*

Jawohl, unsere Bemühungen haben schon sehr schöne Erfolge gezeigt. Aber leider ist die Zahl neuer Vorkommnisse, die uns in Aktion setzen, immer noch größer als sonst. Gerade jetzt wieder sind an der Frankfurter Messe zum Beispiel schreckliche, abartige Zwerge ausgestellt worden, im Hinblick auf den Wahlkampf in Deutschland, und dagegen müssen wir einschreiten, denn solche Figuren sind keine Beleidigung für die am Wahlkampf teilnehmenden Politiker, sondern eine grobe Beleidigung der ehrenwerten Gartenzwerge.

*Haben Sie mal versucht, den Vorgang gerichtsnotorisch zu machen? Also, wenn jemand sagt, »Helmut Kohl ist ein Gartenzwerg«, und Sie wollen Ihre Schutzbefohlenen davor bewahren, hat da schon mal ein Gericht entschieden?*

Bis jetzt noch nicht. Dadurch, daß die Schweiz, wo die »Internationale Vereinigung zum Schutze der Gartenzwerge« ihren Sitz hat, nicht zur EU gehört, ist noch nicht abgeklärt, ob wir überhaupt klageberechtigt sind. Aber in der Presse werden wir auf die Angelegenheit zurückkommen, und Sie werden irgendwie darüber etwas lesen, hören und sehen.

*Jaja, selbstverständlich beteiligen wir uns. In dieser Geschichte greifen wir Ihnen gern unter die Arme.*

*Wie kommt's denn, daß nun ausgerechnet die Gartenzwerge fortgesetzt verleumdet werden?*

Die Gartenzwerge erfreuen sich nicht nur der Verleumdung. Das ist nur ein Teil. Historisch ist das vielleicht darauf zurückzuführen, daß die Figur des Gartenzwerges im Lichte der Menschen zwischen Kitsch und Kunst eingestuft wird und die Grenze sehr schwierig abzuschätzen ist. Nach einer Untersuchung des Allensbach-Institutes sind immerhin neunundfünfzig Prozent aller Bewohner Deutschlands freundlich gegenüber den Gartenzwergen gesinnt, aber andere betrachten sie als Kitsch und dies nicht nur in Deutschland, auch in Frankreich, wo jetzt gerade ein Buch zu der Frage »Ist der Gartenzwerg Kitsch oder Kunst?« erschienen ist. Von dieser Differenz leben wir eigentlich, denn das hält die Sache in Bewegung, macht sie lebendig, und darum bekommen wir immer wieder Briefe, darum werden wir immer wieder von den Medien eingeladen. Wir leisten hier Aufklärungsarbeit, weil leider Gottes der materielle Erfolg der abartigen Gartenzwerge, wie zum Beispiel Nachbars Opfer, bedeutend größer ist als der der klassischen, beseelten Gartenzwerge, die wir als Nanologen schützen, ja schützen müssen.

*Dann frage ich den Nanologen: Ist es denn wohl möglich, daß da Stellvertreterkriege auf dem kleinen Kreuz des Gartenzwerges geführt werden, indem er mit Gesinnungen befrachtet wird, die eigentlich gar nicht zu ihm gehören?*

Da haben Sie völlig recht. Der Gartenzwerg ist ein Wesen eigener Art. Er ist immer gleich, er ist immer freundlich, immer friedlich. Er wechselt auch seine Kleidung nicht. Roter Zipfel, grüne Schürze, schwere Schuhe und ein weißer oder weiß-melierter Bart, das sind die Kennzeichen des echten Gartenzwerges nanus hotorum vulgaris, wie wir ihn anerkennen. Alle anderen Abarten halten ihn im Gespräch. Aber gerade wir und auch unsere Freunde in Österreich pflegen den Gartenzwerg in Ausstellungen, bei Vorträgen und in Akademien sowie auch in Büchern, wie zum Beispiel eines, das am 26. April erscheinen wird und das den Titel trägt: »Zipfel auf – die Welt der Gartenzwerge«.

*Ist es denn möglich, daß der Naturschutzgedanke auch auf die Welt der Gartenzwerge ausgedehnt wird?*

Seitdem ich die Zwerge gesehen habe, welche der BUND – also Bund für Umwelt und Naturschutz Deutschland – vertreibt, habe ich vor diesen Leuten keinen Respekt mehr. So was Schreckliches wie diese Giftzwerge habe ich schon lange nicht mehr gesehen.

*Also das heißt, die sind sehr engstirnig, was Artenschutz angeht?*

Ja, auf jeden Fall machen sie sich über Gartenzwerge lustig, weil sie die Natur schützen wollen, aber der Gartenzwerg gehört auch zur Natur und ist auch schützenswert. Wenn man über die Vergiftung der Welt redet, was sehr, sehr schlimm ist, braucht man dazu nicht die Gartenzwerge in verwandelter Form und einem schrecklichen Abbild.

# Wir diskutieren von früh bis spät

Peter Hintze
Generalsekretär der CDU
22. Februar 1994

*Bei dem Wort Gegenwind können Sie ja noch annehmen, daß es sich um das märkische Wetter handelt. Wenn aber das Wort Abseits dazu kommt, dann merken Sie, dieses Worttandem changiert mehr so im politischen Department. Gegenwind – ist klar – kommt auf dem CDU-Parteitag – so hat's der Parteivorsitzende geortet – vom politischen Gegner, und im Abseits sind diejenigen, die bis Mittwoch nachmittag als Querulanten unter den 1 000 Delegierten nicht richtig diskutiert haben und das dann über den Parteitag hinaustragen. Soll 'ne sehr gefühlsstarke Rede gewesen sein. Heute nun ist der Generalsekretär der christlich Unionierten am Start und soll den 1 000 Delegierten offerieren, wie die Wahlstrategie aussieht.*

*Wie sieht sie denn, und also guten Morgen, Peter Hintze, aus?*

Morgen, Herr Bertram. Unsere Wahlstrategie sieht so aus, daß wir eine klare Bilanz machen werden über das, was in den letzten Jahren geleistet wurde, und daß wir auch gleichzeitig deutlich machen, was wir in den nächsten Jahren leisten werden. Wir haben es ja im Moment damit zu tun, daß die demoskopischen Werte, insbesondere in Ostdeutschland, ein bißchen unfreundlich sind für uns.

*Wollen wir das Wort »bißchen« streichen?*

Ja, die sind ziemlich unfreundlich. Ich glaub', der Grund liegt einfach darin, daß wir als diejenigen, die in der Regierungsverantwortung stehen, die großen Veränderungen, die sich aus den weltweiten Umbrüchen ergeben, den Bürgern abverlangen müssen.

*Das kann aber nicht daran liegen, daß Sie möglicherweise den Ostdeutschen mehr versprochen haben, als Sie halten konnten?*

Also, die Erwartungshaltung, die wir gestiftet haben, war optimistisch, aber ich muß Ihnen eins sagen, wenn Sie durch irgendeine Stadt etwa in Brandenburg gehen und gehen in Ihrem geistigen Auge noch einmal vor vier oder fünf Jahren durch, dann hat sich so gewaltig viel verändert, an Straßen, die gebaut wurden, an Häusern, die renoviert wurden, an Wohnungen, die neu geschaffen wurden ...

*Ihr Parteivorsitzender hat ja auch gemeint, er hält weiter an den »blühenden Gärten« fest. Diesmal hat er, glaub' ich, »Felder« gesagt. Aber er sagt, der Termin verschiebt sich.*

Wir waren damals zu optimistisch. Das ganze Volksvermögen der DDR wurde ja vorsichtig geschätzt auf noch netto 500 Milliarden. Die sollten 1995, das ist im Einigungsvertrag so geregelt, per Anteilschein an die Bevölkerung der ehemaligen DDR ausgegeben werden. Heute wissen wir, daß wir es auch mit 500 Milliarden zu tun haben, aber mit roten Zahlen. Wir müssen das abtragen, was uns die SED da hinterlassen hat. Das waren damals Einschätzungen, die waren zu optimistisch. Wenn man den Bürgern das erklärt, kriegt man, glaube ich, die Zustimmung. Die Regierung hat sehr, sehr viel geleistet, und ich glaube, sie wird auch wieder das Votum bekommen.

*Das werden wir ja dann sehen. Sie haben gestern, das ist ein Achsstück zum Beispiel, daran soll der Brandenburger alle Politiker erkennen, über Beschäftigungspolitik geredet. Unsere Korrespondenten sagen, die Reihen waren merklich gelichtet. Ist das nicht das Thema bei Ihnen?*

Wirtschaft und Arbeit sind das Thema Nummer Eins. Das haben wir viele, viele Stunden diskutiert, und wenn man 1 000 Delegierte hat, dann müssen die auch mal die Gelegenheit haben, zwischendurch was zu essen. Sie müssen wissen, wir arbeiten auf unserem Parteitag pausenlos – im Wortsinne. Das heißt, es gibt keine Pausen, sondern wir diskutieren von früh morgens bis spät in die Nacht. Wir werden heute bis Mitternacht arbeiten.

*2 500 Änderungsanträge liegen bei Ihnen. Haben Sie die eigentlich alle gelesen? Sie müßten ja wenigstens?*

Ja, ich habe sie zweimal durchgelesen, um den Parteitag vorzubereiten. Ich bin ja auch gleichzeitig Vorsitzender der Antragskommission. Wir haben zu jedem einzelnen

Antrag ein Votum abgegeben, und wir wollen die Sache heute so diskutieren, daß wir über die wirklich kontroversen Punkte eine breite Diskussion führen. Ansonsten hat die Antragskommission die Dinge so vorbereitet, daß die anderen Anträge eingearbeitet worden sind.

*War das Schopenhauer? Wer war's denn, verdammt noch mal, der gesagt hat: »Ein Wunder ist der Freudensprung der Schöpfung« ... Also glauben Sie jetzt samt der 1 000 Delegierten für's dritte Mal ans Wunder? Passiert's?*

Meinen Sie das Wahlergebnis?

*Jaa!*

Da werden sich diejenigen wundern, die heute negative Prognosen abgeben. Ich glaube die Leute werden auf die setzen, auf die sie sich doch insgesamt sehr verlassen konnten in den letzten Jahren.

*Und Sie verlassen sich vor allem auf die dreißig Prozent, die sich noch gar nicht entschieden haben?*

Das ist hochinteressant. Die Brandenburger Kommunalwahl hat gezeigt, daß die derzeitigen Wahlen Mobilisierungswahlen sind. Unsere Wähler haben sich da leider immer etwas zurückgehalten, während die Wähler der Partei, die für den Unbill von gestern verantwortlich war, doch eifrig zur Wahl gegangen sind. Ich will das mal so allgemein im Raum stehenlassen. Ihre Sendung ist ja dafür bekannt, daß Sie auch metaphorischen Ausflügen Gelegenheit gibt, zur ätherischen Wirkung zu kommen.

So! Die Bundestagswahlen, die Europawahlen und selbstverständlich auch die Landtagswahlen werden Mobilisierungswahlen. Wir müssen unsere Leute überzeugen, tatsächlich zur Wahl zu gehen, ihr Kreuz zu machen – und dann werden sich einige Leute wundern, die aufgrund der demoskopischen Zahlen sich schon als Sieger wähnen.

*Der flinke Generalsekretär legt heute früh wieder ein Tempo vor, da bin ich im Geschwindschritt schon wieder an Ihren Rockschößen.*

*Also: Die, von denen Sie eben geredet haben – sind das die, von denen gestern der Kanzler gesagt hat, das sind die Verräter? Die Verräter an der deutschen Einheit?*

Na, ich dachte mehr an diejenigen noch ein bißchen weiter links. Die das Kleinholz, das sie gestern selbst geschlagen haben, dazu nutzen, um ihr rotes Süppchen drauf zu kochen.

*Zwischen den beiden machen Sie noch 'nen Unterschied? Die werden in Ihrer Wahlrhetorik jetzt schon immer in eine Tüte gesteckt. Also: Die haben früher schon gekungelt ...*

Also da mache ich doch schon einen deutlichen Unterschied – das ist ja schön, daß wir das heute wenigstens im ORB klarmachen können – unser politischer Gegner, mit dem wir uns auseinandersetzen, ist die SPD. Das ist ganz klar. Davon noch mal sorgfältig zu unterscheiden sind diejenigen, die sich heute als Anwälte des Volkes aufspielen und die Folgen dessen beklagen, was sie selbst herbeigeführt haben. Ich meine im Üblen, Negativen. Das, was wir jetzt zu bekämpfen haben, sind ja nicht die Folgen der Marktwirtschaft, sondern sind die Folgen eines totalen, maroden, zusammengebrochenen Systems. Das wissen auch alle, die sich gründlich damit beschäftigten.

Da wollen wir die SPD noch ein bißchen draußen vor lassen. Daß die in der Vergangenheit, was unsere verehrte West-SPD angeht auch um eines Wahlsieges willen, vielleicht mal ein paar scharfe Grenzüberschreitungen gemacht haben, das ist allerdings 'ne Aufarbeitungsnotwendigkeit.

*Wenn wir uns jetzt angucken – das muß Sie ja gestern abend irgendwann mal erreicht haben –, daß die IG-Metall gesagt hat, wir werden mal 'ne Urabstimmung in Niedersachsen einleiten – das ist ja nun kein Zufall, egal welcher Parteiung man nun angehört. Kann es sein, daß Sie da zum Schluß richtig schweren Schaden nehmen?*

Also an einem Streik nimmt die deutsche Wirtschaft, nehmen die Arbeitsplätze, nehmen wir alle Schaden. Wenn wir etwas nicht gebrauchen können – ich will das in beide Richtungen sagen –, sind das Streik und Aussperrung im Metallbereich. Wir sind im Metallbereich in der schärfsten internationalen Konkurrenz. Wir haben hier keinen Millimeter Boden zu verschenken, und ein Streik geht zu Lasten und auf die Knochen der Arbeitnehmer, denn es ist ja vollkommen klar, dabei kann nichts Gutes für unsere Wirtschaft rauskommen. Wenn das nicht beide Tarifpartner erkennen, dann weiß ich es auch nicht. Sie sind jetzt gefordert, eine Lösung zu finden.

*Aber Sie mutmaßen nicht, daß da in Niedersachsen auch regelrecht knüppelhart Politik gemacht wird? Der Standort der Urabstimmung ist ja nun wirklich kein Zufall.*

Nein, aber ich kann den Sinn der ganzen Aktion noch nicht erkennen. Ich glaube nicht, um Ihre Frage zu beantworten, daß der Niedersachsen-Streik, wenn er denn kommt, der SPD nutzt, weil ich glaube, daß die Bevölkerung diesen Streik nicht akzeptiert. Ich weiß nicht, was in die Gewerkschaften gefahren ist, jetzt mit einem solchen Streik in Niedersachsen zu drohen. Ich hoffe aber, von allen Wahlkämpfen weg, im Interesse der Arbeitsplätze und der Menschen, daß Streik und Aussperrungen vermieden werden.

# Es staubt so schön

Siegfried Schulz
Geschäftsführer der »Burger Knäcke« GmbH
24. Februar 1994

*Das muß man erst mal aus dem Nebel der Erinnerung rauswühlen. Was waren das für wilde Zeiten, als der Berliner Brotfabrikant Schiesser für eine Mark ein Pöstchen Wohnungen von der »Neuen Heimat« gekauft hat. Ich gehe mal still davon aus, als die Schiessers das Geschäft abgewickelt haben mit der Treuhand gelegentlich der Knäckebrot-Firma in Burg, und also guten Morgen, Siegfried Schulz, Geschäftsführer in Burg, war der Kaufpreis ein bißchen opulenter für die Herren?*

Ich kenne den genauen Kaufpreis nicht, aber er war ganz bestimmt etwas mehr, etwas opulenter, wie Sie sich ausdrücken, als damals die »Neue Heimat«-Geschichte.

*Und ich gehe davon aus, daß Ihre Leute durchgeatmet haben, denn es sieht ja so aus, als wäre da ein bißchen Arbeit im Trocknen.*

Ja, es wurde sehr tief durchgeatmet. Nach drei Jahren unter Treuhand-Regie. In diesen drei Jahren hat die Treuhand die Verhandlungen zur Privatisierung geführt. In der Summe waren es neunundzwanzig Bewerber. Das allein spricht dafür, daß man das Unternehmen »Burger Knäcke« nicht für eine Mark kaufen konnte. Die Privatisierung ist mit Wirkung vom 01.01.1993 abgeschlossen – und es geht uns gut.

*Treffer! Akustisch hat sich vertanzt, ob Sie Treuhandregie oder -regime gesagt haben. Das verweisen wir mal ins Reich der Nebensache.*

*Sie haben fünfundsechzig Prozent, das ist es, was mich hat hochgucken lassen, Sie haben fünfundsechzig Prozent Ihrer Marktanteile wieder? Woran liegt denn das? Weil das Knäckebrot immer noch so staubt, wie wir das gern aus dem Osten hätten?*

Weil es staubt, weil es sehr mürbe ist, weil es genau den

Geschmack trifft, den unsere Bürger hier in den neuen Ländern lieben und schätzen.

*Gut. Also das ist 'ne Renaissance, und jetzt kann man es ja auch wirklich in allen Regalen finden?*

In fast allen. Ich möchte nicht ganz so vermessen sein.

*Ist ja schön, daß der Schiesser von der Ost-Renaissance auch 'n bissel was hat. Bei Ihnen sind es hundertsiebenundzwanzig Arbeitsplätze, und Sie haben auch 'ne Menge Kohle reingesteckt, um die Maschinen dort flottzukriegen.*

Ja, schon unter Treuhand-Regie, mit einem Kredit der Kreditanstalt für Wiederaufbau konnten wir umstellen auf Importerdgas. Das macht das ganze sehr effektiv für uns.

*Was haben Sie denn früher in dem Laden gemacht?*

Ich war zuvor Betriebsdirektor.

*Ist Ihnen jemals durch den Kopf gegangen, daß man auch 'ne Management-Buy-Out-Lösung suchen könnte? Oder war Ihre Bude so interessant, daß die Treuhand meinte, die kann jemand anderes kriegen?*

Auch das ist uns und dem Management durch den Kopf gegangen. Aber der Happen war wohl etwas zu groß, und es waren so potente Bewerber da, daß das also kein interessanter Antrag bei der Treuhand war.

*Haben Sie ihn gestellt?*

Ja.

*Und eher schwunglos? Haben Sie geglaubt, daß Sie es mal packen?*

Natürlich haben wir uns alle geirrt. Wir haben sehr viele schwarze Tage gehabt.

*Und wie ist es jetzt so als Knecht auf dem Acker von Schiesser?*

Ich fühle mich nicht als Knecht. Ich fühle mich als Partner. Das ist wirklich keine Floskel.

*Und das sehen die auch so?*

Das sehen die auch so.

*Wie sieht denn die Produktpalette aus? Außer dem, was ich gewöhnlicherweise aus dem Regal nehme, wenn mir mein Schwimmring etwas auf den Wecker geht.*

Dann ist es meistens zu spät. Dann ist das Knäckebrot nur noch eine Beruhigung des schlechten Gewissens, Herr Bertram. Ich weiß, wovon ich rede. Ich gehöre auch zu jenen, die nicht unbedingt als schlank bezeichnet werden.

*Sie mögen Ihre eigenen Produkte so häufig nicht?*

Doch, ich mag sie. Insbesondere zum Frühstück, und es vergeht kein Tag, an dem ich sie nicht esse. Aber wahrscheinlich doch nicht konsequent genug.

*Was unterscheidet Sie denn in der Produktpalette von der Konkurrenz?*

In der Produktpalette eigentlich nichts. Wir haben sieben Sorten unterschiedlicher Geschmacksrichtungen und eine Sorte besonders für gesundheitsgefährdete Menschen. Es ist nicht ein reines Diabetikerprodukt, aber kochsalzreduziert oder natriumreduziert, wie es heute so schön heißt. Aber es ist insbesondere die Technologie, die wir anwenden, um dieses Brot herzustellen. Das ist es, was uns im wesentlichen von den Wettbewerbern unterscheidet. Unser Produkt ist im sogenannten Kaltbrot- oder Eisbrotverfahren hergestellt, und es wird dadurch besonders mürbe. Wir verwenden keinerlei Hefen, Triebmittel oder Backhilfsmittel. Bei uns wird das Getreidekorn pur verarbeitet.

*Das freut mich zu hören. Da weiß man doch noch, was man verschluckt. Wie lange kann man's denn aufheben?*

Wir garantieren zwölf Monate, aber dann ist es noch längst nicht unbrauchbar.

# Fische für die Einheit

Peter-Michael Diestel
Anwalt
24. Februar 1994

*Sie wissen doch, Herrschaften, ich lasse keinen Morgen vergehen ohne aktive Lebenshilfe. Heute mache ich Ihnen vor, wie man jemanden vorn durch die Tür rauswirft, und er kommt hinten wieder rein. Die CDU hätte den Peter-Michael Diestel gern rausgeschmissen. Zunächst erst mal haben sie es schon erledigt, was die Nominierung für Landtags- und Bundestagsmandate angeht. Nun wird der iestel mir gleich erklären, daß er 'ne gutgehende Anwaltspraxis hat, und so bitter nötig hätt' er's nicht, aber die Show muß schon sein. Wenn er also von CDU wegen dieses Mandat auf der Liste nicht bekommt, dann, und also guten Morgen, Peter-Michael Diestel, machen Sie Ernst und treten gegen Rainer Eppelmann in Märkisch Oderland an?*

Guten Morgen, Herr Kollege. Also ich hab' das Mandat schon bitter nötig, aber aus anderen Gründen als andere Abgeordnete. Ich will einfach in der Politik bleiben, um noch einiges zu regeln. Ich würde gerne gegen Herrn Eppelmann mit dem CDU-Mitgliedsbuch in der Tasche antreten, weil ich glaube, es muß gegen ihn ein Zeichen gesetzt werden.

*Das wird nicht zu machen sein, hab' ich das Gefühl.*

Das wird gerade geprüft. Ich gebe schon zu, daß es ein satzungsmäßiger Widerspruch ist, und die CDU müßte sich dann mit meiner Person beschäftigen, müßte sich entschließen, mich auszuschließen, rauszuschmeißen, und dergleichen. Ich weiß nicht, ob das für die brandenburgische oder für die ostdeutsche CDU günstig ist, wenn sie den in den Umfragen populärsten Politiker rausschmeißt. Das ist kein Problem von Diestel, sondern von der CDU.

*Das ist ja eine morgendliche Drohung.*

Nein, das ist keine Drohung, das ist ein freundlicher Hinweis auf die Entschlossenheit, den Leuten um Eppelmann nicht die wichtige CDU-Politik zu überlassen. Ich glaube schon, daß meine Ankündigung und mein Verhalten auch in der CDU Nachdenklichkeit erzeugen werden.

*Hmm ..., wer ist denn zur Stunde mit dieser Entscheidung beschäftigt?*

Na, ein paar Verfassungs- und Staatsrechtler, die ich gebeten habe, sich damit zu beschäftigen, wie das geht, ohne meiner Partei den Rücken kehren zu müssen, und die Frage ist noch nicht ganz beantwortet.

*Was sagt denn der Landesvorstand?*

Die freuen sich natürlich sehr, wenn Diestel gegen den Bundestagslistenträger in spe Nummer 1, Eppelmann, antritt. Das ist ironisch, aber ich glaube, daß man sich darüber im klaren ist, daß man einen durchaus umstrittenen Politiker, der sich aber bei den Ostdeutschen doch bemerkbar gemacht und vielleicht vertieft hat, nicht einfach links liegen lassen kann.

*Was für 'n anarchistischer Stinkstiefel – nicht Eppelmann, das waren jetzt Sie!*

*Es muß doch Ruhe, es muß doch politischer Frieden her. Dafür sind Sie kein Garant.*

Nein, ich bin für den politischen Frieden der Ostdeutschen, dafür bin ich. Aber der politische Frieden innerhalb der CDU, das ist nicht mein Problem.

*Ist Eppelmann nicht für den politischen Frieden der Ostdeutschen?*

Eppelmann ist ein Ritter von der traurigen Gestalt, der sich mißbrauchen läßt – ich sag' mal –, ostdeutsche Interessen gegeneinander aufzuwiegeln. Und dagegen muß ich ein Zeichen setzen.

*Mensch, aber der weiß es doch wahrscheinlich ganz genau, denn als Enquête-Kommissionär hat er doch sozusagen die Hintergründe unseres Versagens komplett ausgeleuchtet.*

Herr Bertram, wer auf die abwegige Idee kommt, als Enquête-Kommissionsvorsitzender die Ostdeutschen in Kategorien einzuteilen, und im Grunde nur Ausreiseantragsteller und evangelische Pastoren als aus der DDR hervorhebenswert und überlebenswert bezeichnet, ein solcher Mann muß politisch bekämpft werden – und dazu trete ich an.

*Ja, aber das können Sie doch auch in einer anderen Partei erledigen. Wie wäre es mit der PDS?*

Ich bin doch gerne in der CDU. Die CDU ist doch eine harmonische, in sich geschlossene Partei, ...

*Eine was???*

... nur die ostdeutschen Landesverbände haben das noch nicht ganz begriffen, wenn wir jetzt den Bundesparteitag, der durchaus auch akzeptable Zeichen gesetzt hat, und diese Geschlossenheit ...

*Hach, immer frühmorgens dasselbe Ding. Die einen kriegen es mit dem Knüppel, die anderen kriegen Zucker. Für wen war denn der Zucker eben?*

Der Zucker war für den Bundeskanzler, daß er sich bessere Ratgeber aussucht, die den Osten realistischer einschätzen als Eppelmann, Vaatz, Heitmann und andere.

*Der nimmt das Häppchen von Ihnen nicht.*

Der nimmt das Häppchen. Der will doch die Mehrheit im Osten. Er hat es doch ganz deutlich auf dem Parteitag gesagt, wir wollen die nächsten Wahlen gewinnen. Ich will das auch für die CDU.

*Und das kann man nur mit Diestel?*

Das kann man im Osten Deutschlands nur mit Diestel, so ist es.

*Also offensichtlich will der Anglerverband dann auch gewinnen, denn die haben Ihnen gesagt, Sie könnten in den Landtag und so. Diestel is running for Angler-President.*

Selbstverständlich. Nein, nicht for President, sondern einfach für die Interessen der 500 000 ostdeutschen Angler, die eine vitale Interessengruppe besitzen.

*Wieviel Angler?*

500 000 im Osten. Zwanzigmal so stark wie die SPD im Osten, etwa zehn- bis fünfzehnmal so stark wie die CDU im Osten, eine ernstzunehmende politische Kraft.

*Nur noch übertroffen von den Nichtwählern.*

Nur noch übertroffen von den Nichtwählern.

*Und wie heißt das Motto, mit dem Sie dann antreten? »Angler of Ostcountry Unite!« oder so?*

»Fische für die Einheit.«

*Oh ja, vor allen Dingen die frühchristliche Symbolik. Der Fisch im Wappen des Diestel.*

So ist es.

*Hervorragend.*

*Die schmeißen Sie vorher raus. Was wollen wir wetten?*

’ne Pulle Sekt, die wir beide gemütlich trinken. Trockenen Sekt aus der »Rotkäppchen«-Firma.

*Darf Gregor Gysi mittrinken? Der ist der lachende Dritte.*

Gregor Gysi und Lothar de Maizière vertreten mich in einem Parteiausschlußverfahren, wenn etwas Derartiges kommen sollte. Die Vollmacht habe ich schon unterschrieben.

# Keine einstimmigen Lieder

Marianne Birthler
Bundessprecherin von Bündnis 90/Die Grünen
25. Februar 1994

*Joschka Fischer klimmt wieder enorm im deutschen Sprachgelände. Ihm verdankt sich die Neuinterpretation des Wortes »saugut«. Fünf Prozent, wenn Bündnis 90/Grüne die kriegen, das wär' gut. Sieben Prozent ist sehr gut, zehn Prozent ist »saugut«.*

*Nun muß die Bundesversammlung, die heute in Mannheim beginnt und die wir der Orientierung halber mal Parteitag nennen, damit alle wissen, wovon wir reden, sich entscheiden. Da werden sie wieder alle auf der Glaubensfrage rumkauen: Entweder mitregieren – sie sind dann nur Mehrheitsbeschaffer – oder an der alten Utopie festhalten und mit denen, die nach rechts ausschlagen, nun doch nicht weiter mitgehen? Das wird ein erörternswerter Gegenstand, oder? Und also guten Morgen, Marianne Birthler.*

Guten Morgen, Herr Bertram. Sie wollen mich aufs Glatteis führen. Das ist die falsche Alternative.

Erstens: Mehrheit zu schaffen ist gar nicht das Schlechteste, wenn man was erreichen will.

Zweitens: Es geht ja gar nicht darum, daß wir Mehrheiten beschaffen wollen und mitregieren wollen. Soweit sind wir ziemlich einig. Die Frage ist nur, welchen Preis wir bezahlen. Wir alle sind der Meinung, wir hängen die Latte auch ziemlich hoch. Wir erwarten nicht, daß wir sozusagen die alleinigen Kursbestimmer in einer möglichen Bundesregierung sind. Natürlich nicht. Aber unsere Politik muß deutlich erkennbar sein, und es gibt hier und da Punkte, da sind wir sehr empfindlich.

*Aber der Parteitag kann ja hochwahrscheinlich – der Kanzler hat das Wort nicht für sich allein gepachtet – historisch werden, weil er einen Endpunkt hinter die Entwicklung der Grünen setzt.*

Also, … Nö, nö. Ich weiß nicht, wie solch ein Endpunkt aussehen könnte. Ich hab' eher den Eindruck, der wird der Auftakt für einen spannenden Wahlkampf. Nie ist so deutlich und so geschlossen behauptet worden: Wir wollen jetzt auch mit Regierungsverantwortung tragen – wenn die Wählerinnen und Wähler das zulassen. Das, glaube ich, wird am kommenden Wochenende vollkommen unumstritten sein.

*Wollen das solche Leute wie Jürgen Trittin, der Niedersachse, auch?*

Jürgen Trittin hat in Hannover zu tun. Da stehen die Landtagswahlen bevor, und wir hoffen alle sehr, daß eine Fortsetzung dieses Regierungsbündnisses dort möglich ist. Natürlich schminkt man sich so 'n paar Träume ab, wenn man schon eine Legislaturperiode hinter sich hat. Das ist klar. Aber das ist ja auch nicht das Schlechteste, wenn man allmählich realistische Möglichkeiten sieht.

*Ein Blatt schreibt heute: »Die Verhältnisse und die Realitäten entwickeln sich ganz entschieden schneller, als Die Grünen das nachvollziehen können.«*

Nee. Also wenn es Streit gibt, dann geht es um Folgendes:

Wir haben alle ganz bestimmte Vorstellungen davon, wie die Politik sein soll. Wir haben Zielvorstellungen, Visionen. Ohne solche Visionen kann man keine Politik machen. Auf der anderen Seite wissen wir, daß wir Kompromisse machen müssen, daß wir Zugeständnisse machen müssen und daß wir auch glaubwürdig Politik machen müssen. Also das ins Programm schreiben, wovon die Leute annehmen, daß das auch wirklich realistisch ist. Jetzt ist die Frage, wieviel von jedem und in welcher Mischung schreibt man ins Programm. Darüber wird es sicherlich auch noch heftige Kontroversen geben.

*Aber wollen gleichwohl nicht doch viele Leute in Ihren Reihen lieber in den nächsten vier Jahren noch ein bißken vor sich hin opponieren und die anderen machen lassen?*

Die Vorstellung ist schon verlockend, aber ich hab' den Eindruck, die Situation im Land ist inzwischen so, daß die meisten Grünen, auch die, die sehr skeptisch sind, sagen, also wenn wir wirklich 'ne Veränderung bewirken wollen, dann muß diese Regierung abgelöst werden, und 'ne reformentschlossene Bundesregierung kann es ohne Bündnis 90/Die Grünen nicht geben. Ich kenne jedenfalls keine denkbare Parteienkoalition, in der das möglich sein könnte, ohne uns.

*Da kriegt man aber immer zu hören, und zwar nur dann, wenn die Mikrofone zu sind, »...sind wir denn überhaupt schon reif für die Bewältigung von Haushaltslöchern, Staatsschulden und Etats ...?«*

Wenn wir sagen, wir sind bereit, Regierungsverantwortung zu tragen, dann wissen wir natürlich auch, in welcher Situation dieses Land steht und daß 'ne ganze Menge der Schäden, die in den letzten Jahren entstanden sind, im Osten wie im Westen, auch mitgetragen werden müssen. Da müssen wir auch mit Schuldenlöcher stopfen. Die Frage ist natürlich, an welcher Stelle man neue Löcher aufreißt und daß das nicht immer nur auf Kosten derer gehen darf, im Osten und im Westen, die ohnehin nichts mehr zu verschenken haben.

*Für Sie wäre der bessere Partner ja in jedem Falle Niedersachsens Schröder gewesen. Na gut, nun ist es Scharping, und da müssen nun alle schauen, daß sie miteinander klarkommen. Aber die Toleranz hat natürlich Grenzen. Bis zu welchem Punkte werden Überzeugungen über Bord geworfen?*

Über Bord geworfen werden überhaupt keine Überzeugungen. Die Frage ist, an welcher Stelle man ja zu Kompromissen sagt. Ich denke, Hamburg war ein deutliches Beispiel. Da sitzen ja nun ausgewiesene Realpolitiker und solche, die überhaupt keine visionäre Politik machen. Die Leute haben irgendwann gesagt, daß hier der Punkt ist, an dem man uns bloß noch über den Tisch ziehen will, mit uns nur noch die Regierung zahlenmäßig absichern will, unsere politischen Intentionen sind nicht mehr erkennbar – da sagen wir nein.

So ungefähr könnte das auch auf Bundesebene gehen, aber ich glaube, das wäre ein Armutszeugnis für deutsche Politik.

*Geht Ihnen dennoch frühmorgens so ein bißchen die Furcht den Rücken runter, Sie mögen Ihre Chance – nämlich das Startfenster zur Macht – dadurch vertun, daß Sie es jetzt am Wochenende wegreden?*

Also ich wünsche mir natürlich, daß dies 'n Parteitag wird, der Ausstrahlung hat und der viele Menschen davon überzeugt, daß wir es wirklich ernst meinen. Ich hoffe, daß die Differenzen, die da entstehen werden und die auch entstehen müssen – wir sind ja keine Einheitspartei –, diesen Eindruck nicht schmälern werden. Furcht davor hab' ich nicht. Ich hab' schon genug heikle Situationen in den letzten Monaten erlebt, wo die Vernunft am Schluß wirklich gesiegt hat.

*Sie müssen das machen wie der Kanzler. Da können Sie was lernen. Der hat gesagt, daß auf dem Parteitag richtig diskutiert werden darf, aber wenn der zu Ende ist, dann sind diejenigen, die weiter diskutieren wollen, im Abseits.*

Das ist 'n ganz gutes Stichwort. Ich find' das ausgesprochen autoritär. So ist diese Partei, zu der ich gehöre, nicht. Ich finde, wenn es Grund zum Streit gibt, muß auch gestritten werden. Und wenn es zwei Wochen vor der Wahl ist! Die Frage ist nur, wie? Die Leute nehmen uns doch sowieso nicht ab, daß man in so 'ner komplizierten Situation immer einstimmige Lieder singt.

*Traumatisch hat Ihre Partei ja erlebt, daß zwischen Streit und Flügelkampf ein Unterschied besteht.*

Richtig.

*Und der Flügelkampf bricht nicht aus?*

Es wird Streit zwischen den Flügeln geben. Ab wann man das Kampf nennt – das ist auch 'ne Frage der Empfindlichkeit.

# Wer geht schon den geraden Weg?

Klaus Sühl
Geschäftsführer der Deutschen Gesellschaft
9. März 1994

*Die Tage, ganz präzise am 11. März, wäre Otto Grotewohl 100 Jahre alt geworden. Das Lebensalter erreicht glatt keiner. Sein 100. Geburtstag nun aber ist Anlaß für die Deutsche Gesellschaft und für Radio Brandenburg, heute ein Symposium zu veranstalten in der Potsdamer Stadtbibliothek: »Sozialdemokraten und Kommunisten für ein demokratisches Deutschland?«*

*Wenn das Forum in Ostberlin vor fünf Jahren stattgefunden hätte, hätten die leitenden Genossen sehr prompt und überzeugt ein Ausrufezeichen dahinter gesetzt. Bei Ihnen, und also guten Morgen, Klaus Sühl, Geschäftsführer der Deutschen Gesellschaft, steht ein Fragezeichen dahinter – und da liegt der Finger aber so was von auf einer wunden Stelle?*

Morgen, Herr Bertram. Ja, das glaube ich auch, daß wir wieder mal mitten hineingegriffen haben in deutsch-deutsche Brisanz.

*Haben Sie den Eindruck, daß die Tagespolitik es inzwischen zuläßt, solch eine Diskussion versachlicht zu führen, zumal in Zeiten eines Wahljahres? Ich meine, gucken wir uns die Liste derer an, die heute zu Ihnen kommen. Also, weiß ich: Herr Markow, Herr Reiche. Die haben natürlich alle auch Wahlinteressen.*

Ja, nun muß das ja nicht unbedingt heißen, daß man nicht sachlich diskutieren und nachdenken kann, wenn man im Wahlkampf steht. Jedenfalls lasse ich mich erst mal von der Überzeugung nicht abbringen, daß, wenn man sich auseinandersetzen muß, dabei auch was Konstruktives, was Positives herauskommen kann.

*Ich versuch's mal mit 'ner ganz schlichten Frage: Hat Otto Grotewohl in der besten und aufrichtigsten Absicht gehandelt?*

Darüber werden sich die Historiker vielleicht noch in hundert Jahren streiten. Meine persönliche Meinung wäre: Er hat mit seinen Fähigkeiten versucht, das Beste in einer höchst komplizierten Situation zu tun. Unsere Aufgabe ist es, diese komplizierte Situation und seine Versuche wenigstens zu verstehen.

Ich glaube, daß das, was vor fast fünfzig Jahren passiert ist, vor allem in Berlin, in der damaligen sogenannten Ostzone oder sowjetischen Besatzungszone, viel mehr Konsequenzen für die Gegenwart hat, als wir im Alltagsleben bereit sind zur Kenntnis zu nehmen.

*Er hat aber – und würden Sie sagen, das ist unstrittig – auf jeden Fall der kommunistischen Lesart mehr Folge geleistet, die gesagt hat, wir müssen die Spaltung der Arbeiterbewegung aufheben, und das tun wir jetzt auf diese Weise – Punkt?*

Jaja. Er hat unzweifelhaft der KPD in die Hände gearbeitet. Daß er davon überzeugt war, bis zum Einigungsparteitag 1946, daß er der sozialdemokratischen Sache dient, denke ich, kann auch nicht bezweifelt werden. Daß er sich dabei selbst betrogen hat und viele seiner sozialdemokratischen Genossen, steht wohl auch fest.

*Was haben Sie für einen Eindruck? Wie geht die SPD mit ihm um?*

Heute wird er eher totgeschwiegen, als daß man mit ihm umgeht. In den fünfziger und sechziger Jahren gab es natürlich eine sehr offensive Auseinandersetzung – der Verräter Grotewohl. So nach dem Motto: Seht mal, was einem Sozialdemokraten passiert, wenn er sich in die große Politik einmischt und sich zu nahe an die Kommunisten heranwagt.

Da war ja auch was dran, an dieser Interpretation und Sichtweise. Daß das alles ein bißchen sehr kurzschlüssig war und daß da Geschichte als Instrument der Politik gebraucht und teilweise auch mißbraucht wurde, gilt für die bundesdeutsche wie für die DDR-Seite. Ich denke, wir sollten heute genügend Abstand haben, obwohl ich – das muß ich gleich sagen – auch bezweifele, daß wir diesen Abstand haben, um es mit etwas mehr Gelassenheit zu sehen.

*Kommt der Zweifel zu seinem Recht und wird dadurch*

*bestärkt, daß man eben merkt, so 'ne ambivalente Figur wie die des Grotewohl kriegt man im Moment schon gar nicht auf die Reihe, weil vereinzelnd diskutiert wird?*

*Es wird mit Einzel-Enquête-Kommissionen die DDR bewältigt. Da spielt dann die Kehrseite der Medaille, nämlich Wessi-Country, gar keine Rolle, dann sind natürlich gerade die deutschen Sozialdemokraten enorm damit beschäftigt, sich gegen Verratsvorwürfe grundsätzlich zu wehren. Da bleibt weder Zeit noch Kraft, sich mit jemandem wie ihm zu beschäftigen, obwohl er die eigene Vergangenheit ja sehr nachdrücklich erhellen würde.*

Ja, das macht die Sache gerade so spannend. Langweilig sind ja die historischen Figuren, die so glatt sind wie ein Aal. Das kann man bei Otto Grotewohl nun wirklich nicht sagen. Das ist alles höchst kompliziert, was da an Biographie zur Kenntnis zu nehmen ist. Aber auf der anderen Seite muß man natürlich auch fragen: Wer ist denn schon so glatt?

Nun haben wir möglicherweise alle das Bedürfnis, unsere Biographien ein wenig zu glätten. Das mag dann auch dazu führen, daß man komplizierte Biographien wirklich als Schurkenstücke oder als Heldengestaltenstücke schreibt.

*Da haben wir die vornehme Aufgabe der Deutschen Gesellschaft, uns darüber ins Bild zu setzen, daß wir auch nur Menschen sind, und zwar keine stromlinienförmigen, sondern alle mit Vergangenheit und Zukunft.*

In der Tat, ja, und gerade unter komplizierten historischen Bedingungen, was sich ja sehr pathetisch anhört, aber wenn es halt schwierig wird im Alltagsleben – wer kann denn da schon immer den ganz geraden Weg gehen? Wessen Weg hat denn da für die Ewigkeit, für die Geschichte und möglicherweise für einen selber auf Dauer Bestand? Und sich zu trauen, das zur Kenntnis zu nehmen und weniger nach der hehren und geraden Moral und Linie zu fragen, und die Schwierigkeiten einzugestehen – ich denke, das ist eine ganz wesentliche Aufgabe.

*Also eben auch zu großen Teilen das Lernen über sich selber?*

So würde ich das sehen, ja. Und auch gerade das Verhältnis, das Sie ansprachen, der Ostdeutschen und der

Westdeutschen. Ich sehe doch – will nicht gerade sagen Parallelen – frappierende Ähnlichkeiten im Umgang der Westdeutschen, der in den Westzonen Lebenden seit 1945/46, mit den damals auch schon Brüdern und Schwestern in der Ostzone und der heutigen Situation. Man hat das Gefühl, man gehört eigentlich zusammen, aber was hat man denn nun wirklich miteinander zu tun? Und wenn wie 45/46 im anderen Teil die Russen offenbar das Oberkommando haben und bei einem selber haben es die Amerikaner oder die Engländer, sagt man sich, wir müssen ja sehen, daß wir erst mal mit unseren Schwierigkeiten fertig werden. Da müssen wir leider momentan mal die Brüder und Schwestern allein lassen. Sollen die schauen, wie die mit ihren Russen zurechtkommen. So die Situation 45/46, und ein, ja fast ein Ignorant ist, wer nicht gewisse Parallelen zur heutigen Situation darin erkennt.

*Also unter dem Motto: Lieber das Halbe ganz als das Ganze halb?*

*Dann wäre es ja die völlige Verdrehung und verwurschtelt, wenn daraus dann sozusagen noch christlich-unioniert die Kontinuität deutscher Einheitspolitik abgeleitet wird.*

Mir würde erst mal sofort die Hemd-und-Hosen-Theorie einfallen.

*Und vielleicht auch noch die, was wohl geworden wäre, wenn der Zufall der Geburt Otto Grotewohl ins Rheinland gestellt hätte?*

Beispielsweise. Oder noch faszinierender vielleicht: Was wäre passiert, wenn Kurt Schumacher statt in Hannover in Frankfurt/Oder gesessen hätte?

*Sagen die Kritiker sofort, daß die zwei Dinge, die wir eben eingewandt haben, nichts sind, weil die nur dazu taugen, um alle von ihrer eigenen Verantwortung zu lösen.*

Nein, das kann ich nicht sehen. Sie sind eher provozierend, und sie sind sehr stark der Methode »Was wäre wenn gewesen?« verpflichtet, die zwar anregend, aber nicht beweisträchtig ist. Aber dazu taugt sie allemal: anzuregen und im Nachdenken vielleicht auch zu Ergebnissen zu kommen.

# Hinterm Berg wohnen auch Leute

Gotthard Erler
Cheflektor des Aufbau-Verlages
10. März 1994

*Manchmal freut man sich ja über Kleinigkeiten. Sie werden gleich merken, es geht um größere Pöstchen, aber die Kleinigkeit ist, daß man mit dem Aufbau-Verlag telefonieren kann, ohne daß die Rechtshader mit irgendwelchen anderen haben, die sie flach machen wollen, oder wo's Streitigkeiten um Autoren, Titel, Rechte und Lizenzen gibt. Will man mal wenigstens still hoffen!*

*Guten Morgen, Gotthard Erler, Chef des Aufbau-Verlages. Wenn Sie sich an die große Brandenburgische Fontane-Gesamtausgabe heranmachen, gibt es schon wieder Zwist mit jemand? Muß man ja mißtrauisch mal fragen.*

Die Frage ist berechtigt. Nein! Fontane ist insofern völlig neutral – obwohl er uns sehr nahe steht und man ihn gerade in Sachen Brandenburg auch gut benutzen kann.

*Ist ja klar. Brandenburg muß ja Sinnstiftung haben. Da wird er zur Kronzeugenschaft immer gern aufgerufen. Aber wer richtig bibelfest zitieren will bei Fontane, der kann wählen zwischen drei bislang nicht in jedem Falle kompletten Versuchen.*

Genau das ist ja das Kuriose, das wir endgültig beseitigen wollen. Es gibt durch die Teilung Deutschlands zwei wunderbare, aber nie vollkommen zu Ende gebrachte Ausgaben aus München und eben die Aufbau-Ausgabe. Alle drei haben ihre bestimmten Meriten in bestimmten Bereichen, aber keine ist vollständig da. Und wenn man den Fontane in der Dreiheit der großen brandenburgischen Klassiker, die da heißen Kleist, Fontane und Erwin Strittmatter wirklich mal total präsentieren will, dann muß man es jetzt tun. Die Gelegenheit ist günstig. Der Autor wäre in diesem Jahr 175 Jahre alt geworden. Und dann steht ja noch ein nächstes Jubiläum in vier Jahren ins Haus: der 100. Todestag. Wir haben uns im Aufbau-

Verlag trotz schwieriger Zeiten gedacht, in dieser Frist muß die große Brandenburger Ausgabe auf die Beine kommen.

*Na, denn soll sie das ja man auch. Die eigentliche Wumme in Ihrer Mitteilung steckte für mich in einem einfachen Detail. Das ist bibliographisch bis jetzt noch nicht kompletto erfaßt?*

Nein! Es gibt keine Bibliographie für Theodor Fontane. Das ist wirklich eine ganz ulkige Sache.

*Haben Sie 'ne Erklärung?*

Na, vielleicht hängt es damit zusammen, daß Fontane lange Zeit einfach als Lesefutter gehandelt worden ist und sich die Wissenschaft erst relativ spät seiner angenommen hat. Man spricht ja von der Fontane-Renaissance nach dem Zweiten Weltkrieg. Dann ist sicher ein Grund auch die Teilung in zwei Deutschländer – das Fontane-Archiv war in Potsdam. Es gab sehr viele Fontaneforschungen auf der westlichen Seite, aber man kam nicht so ohne weiteres zueinander. So ist es denn tatsächlich liegengeblieben.

*Ist die tätige Hilfestellung seitens des Landes Brandenburg und der Fontane-Gesellschaft für Sie meßbar, oder ist es nur folgsames Lippenbekenntnis?*

Nein, es ist nicht nur ein Lippenbekenntnis. Man muß Förderungen ja heutzutage sehr differenziert sehen. Eine wohlwollende Begleitung durch ein Ministerialreskript, wie Fontane gesagt hätte, sprich ein Schreiben des Ministers Enderlein, ist mitunter genauso hilfreich wie eine praktische finanzielle Zuwendung, die wir vom Land Brandenburg tatsächlich für den ersten Band der »Fontaneschen Tagebücher« bekommen haben. Genauso unabdingbar ist natürlich, daß uns das Fontane-Archiv in Potsdam das wunderbare Material aus dem Nachlaß zur Verfügung stellt.

*Haben Sie die Puste für das Gesamtkunstwerk?*

Gute Frage. Ich bin auch nicht mehr der Allerjüngste. Ich hab' mich seit vierzig Jahren mit Fontane beschäftigt. Das deutet schon etwas Biographisches an. Die Puste geht ja vor allem aber um die Finanzen. Ich habe gestern auf der Pressekonferenz gesagt, einfach geschätzt bräuchte man sicher anderthalb bis zwei Millionen Mark, um das zu finanzieren. Wir haben bei der Gelegenheit mal einen Vergleich angestellt. Der Rowohlt-Verlag, der als Lizenz von Aufbau die große Ossietzky-Ausgabe macht, hat – nicht der Rowohlt-Verlag, aber die Forschungsgruppe in Oldenburg – auch zwei Millionen gebraucht, um eine Ossietzky-Ausgabe in acht Bänden hinzukriegen.

*Gibt's eigentlich noch Autoren, die deutlich in Fontanes Tradition schreiben? Ich meine, Thomas Mann, der im wesentlichen sich geliebt hat, hat sich ja klar geoutet, der hat gesagt: Fontane war's, der ist mein Vorbild gewesen.*

Fontane wird jetzt noch mal richtig interessant durch die Veröffentlichung seiner Tagebücher. Es ist ja auch ein Kuriosum, daß man 150 Jahre nach dem Tod eines so bekannten und populären Autors seine Tagebücher zum ersten Mal veröffentlicht.

*Warum?*

Das hängt nun nicht etwa damit zusammen, daß da fürchterliche Skandalgeschichten drin stehen, sondern es ist ein Stück der politischen Geschichte in Deutschland. Die Tagebücher sind 1933 bei der Versteigerung des Nachlasses von einem Potsdamer jüdischen Bankier namens Paul Wallich gekauft worden. Die Nazis haben durch ihre antisemitische Politik Wallich 1938 in den Selbstmord getrieben. Die Familie ist emigriert. Die Tagebücher waren in einem Safe der Deutschen Bank, hier in der Berliner Mauerstraße, untergebracht und haben offensichtlich nur zu einem Teil die Kriegswirren überstanden. Drei sind übriggeblieben und sind Ende der fünfziger Jahre ins Fontane-Archiv gekommen. Wo die anderen abgeblieben sind, weiß man nicht. Vermutlich sind sie auch verbrannt, oder es taucht noch mal etwas auf. Und dann hat sich auch etwas ganz Kurioses ereignet: 1964 hat die damalige DDR-Justizverwaltung verfügt, daß diese Tagebücher als Besitz, als jüdisches Eigentum unangetastet bleiben. Sie lagen seither im Fontane-Archiv, und die Familie war auch nicht daran interessiert – sie war in der Zwischenzeit in Amerika und England verstreut –, daß ihr Eigentum in der DDR veröffentlicht wird. Das alles hat sich nach dem Fall der Mauer verändert. Nun haben das Land Brandenburg und ein privater Spender den Kauf dieser Tagebücher durch das Fontane-Archiv ermöglicht.

Jetzt sind wir frei, und jetzt erst können wir die Tagebücher veröffentlichen.

*Wie sonderlich doch die Dinge in Eigendynamik fortleben ...*

Fast ein Politkrimi, wenn man das so sieht – und eine menschliche Tragödie, was die Familie Wallich angeht.

*Sie können ja heute durch die deutschen Reihen laufen. Achtzig Millionen haben politische Überzeugungen, sind verantwortungsvolle Bürger. An diesen Überzeugungen haben die immer festgehalten, sind nie vom Pfad der reinen Tugend abgewichen ... Können wir möglicherweise von Herrn Fontane was lernen, der ja in seinen politischen Willensbekundungen sehr ambivalent war?*

Aber jede Menge! Was mich immer wieder fasziniert, ist sein Hugenottischer Toleranzbegriff. Ein Lieblingszitat in den Briefen und auch anderswo ist immer wieder: »... Hinterm Berg wohnen auch Leute ...« Und die andere Stelle, die ich auch so faszinierend finde: »... Man sollte sich vor diesem anstößigen Lokalpatriotismus hüten und den Triumph der Müggelberge über das Finsterahorn proklamieren ...«

*Aber wenn es dann mal sein muß, kehrt er einen anderen Zug heraus und ist national.*

Er hat natürlich sozusagen vaterländische Tendenzen. Bloß, ich warne auch davor, aus diesen zweifellos auch vorhandenen Ansätzen vor allem in den sechziger Jahren – das hängt noch mit der gescheiterten Revolution von 1848 zusammen – wieder einen konservativen Fontane zu konstituieren und zu sagen, schaut mal, den können wir ganz besonders gut gebrauchen.

*Keiner kriegt ihn so ganz. Wenn man 'ne Figur raussuchen müßte – ich bin da, Verehrtester, nicht so im Futter wie Sie –, fühlt er sich dem Stechlin selber ähnlich?*

Aber natürlich! Es ist genausogut auch ein Porträt seiner anderen großen Haßliebe, nämlich Bismarck.

Also ich glaube, Fontanelektüre ist in jedem Fall wichtig für die Partnersuche, wenn man jetzt seine eigene Identität wieder ein bißchen festbinden will, und, was ich immer wieder betone, es ist ein außerordentlich amüsabler Autor. Man amüsiert sich ja wie Bolle auf dem Milchwagen, wenn man ihn liest.

# Wir sind nicht die Verkniffenen

Erwin Huber
CSU-Generalsekretär
11. März 1994

*Wissen Sie, was »wohlverstandenes nationales Interesse« ist? Und wenn Ihnen das abhanden gekommen ist, weil Sie sich für einen Weltbürger gehalten haben, oder weil Europa für Sie das höhere Institut ist, oder weil Ihnen deutsch sein genant ist, kann ja sein, wenn Sie aber trotzdem grundsätzlich wissen wollen, was es ist, und überdies auch noch wissen wollen, was die CSU sich darunter vorstellt, dann müssen Sie sich nach München verfügen, meine Lieben, weil dort am Wochenende die Weißblauen ihren außenpolitischen Themenkanon diskutieren. Da segelt zunächst mal deren Generalsekretär Huber als Flaggschiff rein und wird Ihnen dies alles, und also guten Morgen, Erwin Huber, erklären.*

Guten Morgen. Es ist immer gut, sich mit offenen Fragen an die CSU zu wenden, da bekommt man auch Antwort. »Nationale Interessen« heißt, den Nutzen des deutschen Volkes zu mehren, wie es der Amtseid vieler Politiker vorsieht. In der Außenpolitik für Frieden und Sicherheit unseres eigenen Landes zu sorgen, für gute Partnerschaft mit den anderen und daß daraus Nutzen entsteht, zum Beispiel über Exporte.

*Gut, und das »wohlverstanden« bedeutet, daß man deutschen Nutzen, halten zu Gnaden, nur um den Preis nicht mehren sollte, wenn man den anderen schadet.*

Das ist richtig. »Wohlverstandenes Interesse« heißt natürlich nicht Nationalismus, engstirnige Abgrenzung, Feindschaft mit den anderen oder Egoismus, sondern heißt Partnerschaft, die allen zugute kommt.

*Sie und Ihre Parteifreunde sind jetzt die ganze Woche wieder in den Verdacht geraten, sich heimlich zu freuen, weil sich Europa so schwer mit den Beitrittsverhandlungen tut. Tun Sie das dann am Wochenende auch sehr offen?*

*Und Sie wollen ja Europa auch gern breit haben, aber der Verdacht wird dahin verlängert, daß Sie sagen, dafür wollen wir es dann nicht so tief.*

Also insgesamt freuen wir uns gern, und wir bekennen uns auch zum Freuen und zum Feiern, wir sind also nicht die Verkniffenen, die zum Lachen in den Keller gehen. Was die EG angeht: Wir wollen diese Erweiterung um Österreich, da haben wir natürlich als Bayern besondere Beziehungen dazu. Aber natürlich auch um Schweden und Finnland und Norwegen, weil das auch Nettozahler sind, und es ist richtig, daß die Zahlungen von diesen Ländern allen zugute kommen und nicht nur den Spaniern. Auch das ist zum Beispiel »wohlverstandenes Interesse«, aber wir spielen Erweiterungen und Vertiefungen nicht gegeneinander aus.

*Also: »Wohlverstandenes Interesse« heißt nicht, daß welche rein sollen, die netto bezahlt werden?*

»Wohlverstandenes Interesse« heißt zum Beispiel, daß Österreich und die anderen auch tatsächlich etwas einzahlen und daß wir davon etwas kriegen, wenn das nach den gleichen, guten Regeln passiert. Wir sind also faire Partner, auf die man sich verlassen kann.

*Gut, jetzt nennen wir das Kind einfach mal beim Namen, irgendwann muß es ja mal sein. Ich nehme an, daß Ihre nachbarschaftliche Gefolgschaft auch für die Tschechen gilt. Dürfen die auch rein?*

Mit den Tschechen haben wir einen Nachbarschaftsvertrag, aber die Voraussetzungen für die Aufnahme in die Europäische Union sind wohl jetzt noch nicht gegeben, und zwar deshalb, weil die Tschechen wirtschaftlich noch nicht soweit sind. Da muß also noch ein Prozeß stattfinden. Außerdem, das sage ich auch offen, haben wir noch eine besondere Situation. Das geht die Sudetendeutschen an. Wir wollen, daß die Sudetendeutschen und die Tschechen miteinander ins Gespräch kommen. Solange sich die Tschechen hier verweigern, gibt's da noch eine gewisse Blockade.

*Mit Gespräch meinen Sie, daß man vor allem über Eigentum und Restitution sprechen sollte?*

Ach ..., äh ..., nicht in erster Linie. Da sind die Sudetendeutschen auch ganz realistisch. Aber beispielsweise müßte die Tschechische Republik anerkennen, daß die Vertreibung der Sudetendeutschen Unrecht war.

*Hmm, bei der Gelegenheit sollten dann die Sudetendeutschen noch mal die Ursachen dessen ...*

Ich glaube, man sollte die Sudetendeutschen nicht in eine Ecke stellen. Es ging ihnen nicht in erster Linie um Geld. Es geht ihnen darum, daß sie ein Bekenntnis zur Heimat ablegen können, daß sie beispielsweise auch das Recht haben, zurückzukehren, wie das üblich ist zwischen offenen Staaten. Es muß also einiges aus der Vergangenheit noch ausgeräumt werden. Wir sind gelegentlich als Bayern für das Fingerhakeln, im Grunde sind wir aber für ein friedliches, gutes Miteinander.

*Friedliches Fingerhakeln. Wollen wir's so machen?*

Können wir machen. Jawohl.

*Das Wort mit dem »Nettozahler«, das hat mich ja doch wieder angeglitzert. Was geht denn dem Bayern da durch den Sinn, wenn der sieht: der Grieche, als solcher. Was zum Beispiel deren Europaminister macht, und so ... Und dann bekommen die noch das meiste Geld. Halten Sie das für recht und billig?*

Griechenland ist natürlich in der wirtschaftlichen Entwicklung weit zurückgeblieben, und da sind wir schon dafür, daß die EG auch einiges tut, wenn sich das in vertretbaren, vernünftigen Grenzen hält. Wenn man natürlich in erster Linie vom »Stamme Nimm« ist, dann müßten wir da auch Grenzen aufzeigen.

*Der vom »Stamme Nimm« hat ja, und da muß das bayerische Blut doch richtig in Wallung kommen, der hat uns Deutsche ja richtig bepöbelt, der Herr Pangalos.*

Ja, wenn Sie auf das kommen, das war also wirklich sehr übel, daß man da die Deutschen beschimpft. Ich glaube, das ist ihm auch nicht gut bekommen, denn das Ansehen der Griechen in Europa ist damit schon arg ramponiert worden. Solche Rüpel wollen wir natürlich nicht auf der europäischen Bühne.

# Militärgeistlichkeit auf schmalem Grat

Heinz Zimmermann-Stock
Militärdekan von Hamburg/Schleswig-Holstein
14. März 1994

*In Bad Segeberg findet heute die 39. Gesamtkonferenz der evangelischen Militärgeistlichkeit statt unter dem Rubrum: »Begleiten – Mahnen – Trösten«.*

*Sie haben aber, und also guten Morgen dem Militärdekan von Hamburg/Schleswig-Holstein, Heinz Zimmermann-Stock, Sie haben auch noch eine Unterzeile, die hat durchaus den Charakter einer Selbstbefragung.*

Ja, guten Morgen, Herr Bertram, die Unterzeile heißt: »Wieviel Seelsorge schuldet Kirche dem Soldaten in Krise und Konflikt?«

*Also ich mach's mal ganz banal. In den Zehn Geboten steht drin: Du sollst nicht töten. Ist da nicht eigentlich alles schon gesagt?*

Das weiß ich nicht, ob da nicht auch vielleicht schon das Ende dessen ist, was man überhaupt sagen kann. Aber eigentlich gibt es, wenn man gerade als Militärseelsorger vor dieser Frage steht, keine glatte und auch keine schnelle Antwort, denn diese Frage ist ja nicht einfach zu beantworten mit ja oder nein, sondern ein Soldat – oder überhaupt jeder Mensch – steht ja bei der Beantwortung dieser Frage auch auf einer – ich sag' mal – Grenzlinie, einer grundsätzlichen, ethischen Entscheidung. Er bewegt sich da auf einem schmalen Grat. Auf der einen Seite Gottes Gebot, an dem man schuldig wird, wenn man aktiv wird, wenn man tötet. Und auf der anderen Seite wird man schuldig, was ja gerade auch jetzt in der besonderen Situation Jugoslawien deutlich wird, oder auch in Somalia, wenn man bei Völkermord, Vergewaltigung oder bei Hungerkatastrophen zuschaut, einfach wegschaut, dann steht man ja genauso unter diesem Gebot: Du sollst nicht töten.

*Damit die Geistlichkeit dies aber neutraler entscheiden*

*könnte und auch Beistand neutraler leisten könnte, müßte man Sie doch richtig weit vom Staate wegrücken. Ist denn das durch den Seelsorgevertrag von anno dunnemals noch abgedeckt? Sie sind ja gewissermaßen im Staatssolde.*

Wir sind im Staatssolde. Wir sind hier zwanzig hauptamtliche Pastoren. Wir sind Bundesbeamte auf Zeit. Aber gerade, obwohl wir Bundesbeamte sind, unterstehen wir nach wie vor unserem Kirchenrecht und der Lehr- und Amtszucht unserer Landeskirche.

*Aber es ändert nichts dran: Wes Brot ich eß ...*

*Sie sind der Staatsdoktrin doch ziemlich folgsam verpflichtet als Beamter?*

Naja, ich sag' mal, das ist doch ..., wes Brot ich eß ..., das ist auch eine Frage der Persönlichkeit. Wir haben ja einen kirchlichen Auftrag hier und sind in diesem kirchlichen Auftrag. Das ist ja vertraglich geregelt. Das ist ja das Gute, daß, wenn zwei solche Seiten zusammenkommen, sie einen klaren Vertrag miteinander haben müssen und auch können. Und wir können mit diesem Vertrag sehr gut leben, denn der grenzt gerade dieses ab und gibt uns die Möglichkeit, auch unabhängig vom Staat, nämlich in der Abhängigkeit zu unserer kirchlichen Lehre, das zu sagen, was wir als Kirche zu vertreten haben. Wir sind da also nicht Staatsbüttel.

*Na, das ist aber doch ein bißchen schwieriger, weil, der Vertrag – und das beschwert ihn bis auf den heutigen Tag – kam ja damals, sagen wir mal, mit der Krawalltaste zustande und ziemlich schnell.*

Ja, aber es hat sich herausgestellt, daß diese »Krawalltaste« eben nur ein Theoretisieren ist. In der Praxis hat es nie in diesen siebenunddreißig Jahren des Bestehens des Militärseelsorgevertrages irgendwelche Konflikte gegeben, die hier in diesem Sinne zwischen Kirche und Staat ausgetragen wurden.

*Nun ziehen die Protestanten gleichwohl doch ein paar Bleikugeln hinter sich her. Einmal die unselige Allianz zwischen Altar und Thron. Man ist ja nun doch ganz schnell wieder dabei, etwas, was an politischen Vorgängen da ist, dann auch praktisch durch geistigen Segen zu sanktionieren. Drückt Sie das nicht?*

Ja, aber das ist doch nur eine Auslegungsmöglichkeit –

nach dem Motto: »Wir segnen Waffen oder tragen Uniformen«. In Wahrheit tragen wir weder Uniformen noch segnen wir Waffen.

*Gut, dann machen wir es doch mal an einem Beispiel: Deutsche Soldaten müßten – aus welchen Gründen auch immer – in das Land X und Sie fänden dies unbillig. Würden Sie das sagen?*

Könnten wir ja theoretisch mal annehmen, ja.

*Haben Sie's schon mal getan?*

Wenn ich das jetzt persönlich unbillig fände?

*Ja.*

Also zunächst einmal: Ich gehe nicht mit einem Soldaten irgendwie out of area oder zu einem friedenserhaltenden oder friedensschaffenden Einsatz, um dem Staat zu dienen, sondern um dem Soldaten zu dienen. Wenn ich Soldatenseelsorger bin, dann muß ich da sein, wo meine Gemeinde ist. Ich kann ja nicht meine Gemeinde plötzlich verlassen, wenn mir politisch etwas nicht in den Kram paßt. Aber deswegen kann ich trotzdem mit dieser Gemeinde gemeinsam die Unsinnigkeit der einen oder anderen Anordnung überdenken und eventuell mit den Mitteln des Rechtsstaates, die wir ja nun alle einlegen können, dagegen angehen.

*Ihnen fiele auch die Aufgabe zu, falls ein Zinksarg zurückkommt, die Verwandten zu trösten?*

Das würde auf uns zukommen, ja.

# Keine Meckereien am Spielfeldrand

Norbert Blüm
Bundesminister für Arbeit und Sozialordnung
17. März 1994

*Eben noch im ministeriellen, lichten Dreigestirn (Waigel, Rexrodt, Blüm) bei der Beschäftigungskonferenz in Detroit der G7, wo alle festgestellt haben, daß sie zwar den gleichen Ärger haben, aber jeder einen anderen Weg geht und im Grunde der Ärger nicht lösbar ist, kommt Norbert Blüm zurück und sagt, er hat was gelernt. Was, werden wir gleich hören. Möglicherweise hat das ja auch mit dem Preis zu tun, den er heute verleiht in Köln, und zwar einen Preis, und also guten Morgen, Herr Blüm, den Preis für Wirtschaftsethik. In diesem Tandem habe ich die Worte Wirtschaft und Ethik noch nie gehört.*

Ja, das ist aber nötig, denn Wirtschaft hat ja nicht nur etwas mit Geldverdienen, mit Arbeit zu tun, das hat auch etwas mit Moral zu tun, und insofern finde ich das ganz richtig, daß wir Spielregeln vereinbaren, an die sich alle halten und wo niemand übern Löffel balbiert wird.

*Also das, was Sie jetzt in Detroit erlebt haben, war die Prosa, und jetzt kommt das Idyll?*

Das Idyll gibt's ja leider, oder Gott sei Dank, auf der Erde nicht, denn das Paradies gibt's auch nicht. Die probiert haben, es auf die Erde zu holen, die haben damit Schiffbruch erlitten. Also müssen wir unsere Hausaufgaben erledigen, unser Tagwerk erfüllen, und das Wichtigste ist, finde ich, daß wir Arbeit für alle schaffen. Das ist die Hauptaufgabe in Deutschland.

*Das bleibt aber, wenn die Analysen des Wirtschaftsministers stimmen, was ja das Kabinett sonst immer behauptet, eine Illusion. Das heißt, wir haben uns mit einem Sockel einzurichten, und selbst der Höhepunkt der Kurve ist noch nicht erreicht.*

Nein, damit finde ich mich überhaupt nicht ab. Was heißt hier Sockel? Es sind Menschen. Sockel – da denke ich immer an Denkmal, da steht jemand drauf. Also Arbeitslosigkeit ...

*... Ja auf dem Sockel stehen ein paar Millionen Arbeitslose. Auch in Hochzeiten der Konjunktur bleiben die dort.*

Nein, das dürfen sie nicht bleiben, und wenn ich mir die Welt betrachte, wie sie ist: Arbeit gibt's doch genug. Not gibt's zuviel – es ist doch unsinnig. Reden wir wieder von Ethik: Es wäre eine unmoralische Gesellschaft, die sich mit Arbeitslosigkeit abfindet. Keine Unterstützung ist so gut, daß sie das Recht auf Arbeit vergessen machen könnte.

*Haben Sie gelesen, was der Graf Lambsdorff in Ihrer Abwesenheit alles Hübsches geschrieben hat?*

Ich kann nicht alles lesen, was der verehrte Graf so schreibt.

*Ich sage es Ihnen.*

Wenn er ein schlechter Verlierer in Sachen Pflegeversicherung ist, na gut. Schlechte Verlierer gibt es auch im Sport.

*Ich hab' das ja für meinen Teil so gelesen, daß er gesagt hat: »Wir haben da gar nicht verloren, wir hätten im Grunde rausgemußt aus der Koalition. Die Sozis und die Christen haben uns gemeinsam unter Druck gesetzt. Das ist Nötigung.«*

Alles Nachhutgefechte. Es zählt nur, was bei den Betroffenen ankommt, und denen wird besser geholfen. Das ist wichtig genug. Alles andere sind Abfallprodukte, Meckereien am Spielfeldrand. Für mich zählt: Wir bauen eine ambulante Pflege auf; Schwerstpflegebedürftige bekommen eine Unterstützung; wir unterstützen die stationäre Pflege; wir wollen eine Infrastruktur bauen von häuslichen Diensten, Tages-, Nacht- und Kurzzeitpflege. Alles nicht über Nacht, aber die Pflegeversicherung wird dafür die Voraussetzungen schaffen – und wieder den Zusammenhang mit unserem Thema Arbeitslosigkeit: Sie wird auch neue Beschäftigungsmöglichkeiten schaffen.

*Wir brauchen heute früh wieder Visionäre, weil, die Leute sollen auch gut sortiert in den Tag rein kommen.*

*Aber: Sie haben es ja gemacht wie die Europäische Union. Wenn die sich bei Beitrittsverhandlungen nicht einigen können und sagen, wir müssen es bis Mitternacht schaffen, dann tritt ein Beamter an die Uhr und hält die an. Sie haben das eigentliche Problem des Pflegeversicherungsstreits, nämlich, was wird nun mit dem zweiten Feiertag und mit der zweiten Stufe, einfach weggeschoben und sagen, die Experten werden es lösen.*

Das ist ein anderer Teil des Problems. Ich finde es ganz gut, daß wir die Streitfrage, zwei oder einen Feiertag, dem Sachverständigenrat übergeben. Wissen Sie, wenn wir über Zahlen streiten, dann finde ich: Überlaßt das doch mal den Experten, wie viele Tage notwendig sind. Wir beginnen jetzt mit dem ersten Schritt, das ist die ambulante Pflege. Mit handfesten Unterstützungen für die Schwerstpflegebedürftigen bis 2 800 DM – das ist doch was. 2 800 DM im Monat, die gab's bisher nicht, die gibt's jetzt, wenn die Pflegeversicherung eingeführt ist. Wenn da einer sagt, das wär nichts, dann weiß er nicht, was das bedeutet für eine Familie, die bisher mit ihrem pflegebedürftigen Familienmitglied allein zurechtkommen mußte.

*In Ihrer Abwesenheit war ja nicht nur der »Markgraf« schon wieder am Drücken, auch Herr Dressler hat gesagt: »Na wartet, wenn wir ans Ruder kommen, wird sowieso alles anders, und wir kommen ans Ruder.«*

Na gut. Jedem seinen Wunsch und seine Wunschträume. Ich orientiere mich an den Realitäten. Der Worte sind genug gewechselt. Wir haben die Pflegeversicherung in der Scheune, und das ist das Hauptergebnis.

*Und es nützt auch niemandem mehr, um Wahlkämpfe zu machen.*

Das habe ich immer gesagt: Macht auf dem Rücken der Betroffenen keine Wahlkämpfe, und ich finde es gut, daß wir es geschafft haben, trotz allen Parteienstreits doch noch zur Einigung zu kommen. Das tut im übrigen auch der Demokratie gut. Parteien sind da, um Probleme zu lösen, und nicht, um sich mit sich selbst zu beschäftigen.

*Jetzt können Sie es ja sagen, die Presse hat es immer gemutmaßt: Sie waren doch, Verehrtester, zwischendrin schon ein paar Mal drauf und dran, Sie hatten den Kanal doch voll. Wann sollte der Hut denn in die Ecke fliegen?*

Ach, ich bin nicht so ein Heroe, der das pausenlos verkündet, aber ich gebe zu, ich hatte manchmal – wie haben Sie gesagt – die Schnauze voll?

*Den Kanal.*

Den Kanal. Also ungefähr dasselbe. So schnell gibt man nicht auf. Ich bin ein zäher Mensch, und ich finde, es gehört auch Ausdauer dazu. Ich werde doch nicht beim ersten Gegenwind aufgeben, und es gab ja auch viele, die geholfen haben.

*Der Schäuble hat es ja geradezu gesagt, im Bundestag, Sie sind denen ja auch stellenweise ganz schön auf den Keks gegangen.*

Ja, steter Tropfen höhlt den Stein.

*Davon kann Herr Gloss ein Lied singen.*

Ja, ich hab' als Schlosser gelernt, wenn Sie ein Werkstück im Schraubstock haben, dürfen Sie es erst aus dem Schraubstock lassen, wenn es fertig ist – und Sie müssen feilen, feilen, feilen, auch wenn es manchmal langweilig ist.

# Know-how für europäische Nachtwächter

Walter Kienel
Zunftmeister der Europäischen
Nachtwächter und Türmer
25. März 1994

*Das fränkische Rodach hat eine Qualifikationsveranstaltung ganz besonderer Art gesehen. Wir können zunächst mal lernen, Herrschaften: Kein Berufsstand kommt heute ohne fortbildende Maßnahmen aus. Das gilt nämlich auch für die Nachtwächter. Die haben sich dort versammelt unter der Woche und von Ihnen, nehme ich an, Walter Kienel, Zunftmeister der Europäischen Nachtwächter und Türmer, einiges gelernt. Was haben Sie denen denn beigebracht?*

Ja, wir haben den Aspiranten, sechs an der Zahl, Grundlagen beigebracht, die sie dann vielleicht in ihren Orten verwenden können: Wie man ein Nachtwächterhorn bläst, wie man Verse schmiedet, um aktuell zu sein, denn die herkömmlichen christlichen Verse kann man nämlich überall verwenden, die sind dann auch relativ langweilig.

*Die herkömmlichen christlichen Verse sind langweilig?*

Ja, die geben ja immer nur eine Stunde an, und mit der Christlichkeit ist es heute nicht mehr so getan, also muß der Nachtwächter up to date sein und muß also Verse machen, die der Aktualität in seinem Ort entsprechen.

*Ich höre bei Ihnen im Hintergrund ein Vögelchen zwitschern? Ist das nachts mit Ihnen immer auf der Rolle?*

Nein, hahahahahahah …

*Aber Sie haben 'ne Gans bei sich?*

Ja. Wir haben in Rodach eine Gans bei uns. Ja, am Rundgang.

*Und die läuft so, wie Sie wollen?*

Die läuft so, wie ich möchte, jawohl.

*Haben Sie die an der kurzen Leine?*

Nein, die hat eine lange Leine, die läuft so in zwei Meter Abstand vor uns her, erfreut sich bester Gesundheit und ist ein Star für unser Publikum.

*Wir sind ja quasi Berufskollegen. Sie rufen nachts, ich morgens. Wir erzählen ja auch fast das gleiche.*

*Es heißt, Sie haben so lange an einem häßlichen Gebäude Ihrer Sparkasse Anstoß genommen in Ihren Versen, bis die Sparkasse weg war.*

So is' richtig. Das haben wir getan!! Wir konnten also erledigen, daß der häßliche Betonklotz wegkam, und es wurde so umgebaut, daß die Sparkasse dem Markt wieder angepaßt werden konnte.

*Ich habe mit Entrüstung zur Kenntnis genommen, daß unter Ihren Zunftmitgliedern nicht ein einziger aus dem Osten ist. Hat das damit zu tun, daß die im Osten Tag und Nacht pennen?*

Hahahahahah ... Nein, es war eigentlich in der Vergangenheit so, daß es im negativen Sinne zu viele unserer Berufskollegen gegeben hat, die nicht aufgewacht sind. Wir heutzutage müssen natürlich helle sein, müssen fit sein, und so hat sich halt in der Vergangenheit in den neuen Bundesländern dahingehend nichts getan.

*Ach, das ist ja wirklich betrüblich. Sind Sie denn sauer, daß mit Ihrem Berufsstand soviel Scherz getrieben wird, weil, eigentlich müßte doch Erich Honecker bei Ihnen Ehrenmitglied sein, der war doch auch so 'ne Art Nachtwächter.*

Hahahahaha ... Nein, wir sind nicht sauer. Daher versuchen wir ja auch aufklärend zu wirken, damit man das Negativ-Image von einer anderen Seite betrachten kann.

*Ja, das gilt auch für hier.*

*Wie ist 'n das eigentlich bei Ihnen, wann schlafen Sie denn?*

Ja, ich schlaf' eigentlich nachts auch. Wir laufen nämlich jeden Abend nur so bis elf, halb zwölf, und dann möchten unsere Gäste ja auch ins Bett.

*Hat denn schon mal jemand versucht, Sie von Ihrem Dienst abzuhalten, weil er sich genervt fühlte? Mit Wassereimern oder so?*

Nein, nein, im Gegenteil. Wir sind überall gern gehört und gesehen, uns ist noch nichts Negatives geschehen.

*Hervorragend. Und was tun Sie für die innere Hitze, wenn's draußen klamm wird?*

Ach Gott, eigentlich nicht viel.

*Was denn, ein Nachtwächter hat keinen Flachmann mit?*

Nein, nein. Ein Nachtwächter hat keinen Flachmann mit. Um Gottes willen! Der Nachtwächter soll ja für Ordnung sorgen, soll ja nicht selbst betrunken oder angeheitert sein und dann zur Belustigung der Gäste laufen.

*Was tragen Sie denn für einen Fummel?*

Schlapphut, einen schwarzen Mantel mit Pelerine, eine Hellebarde, ein Horn und eine Laterne. Und dann singen wir natürlich Verse. Vielleicht sollte ich Ihnen auch mal einen singen?

*Ja, legen Sie mal los, wir wollen dringend einen hören.*

»Hört Ihr Leut, tut nicht erschrecken,
ein Nachtwächter darf Euch heut' wecken,
der Tag wird froh und heiter dann,
habt Radio Brandenburg Ihr an.«

# Parlamentarische Hangelpartie

Manfred Stolpe
Ministerpräsident von Brandenburg
14. April 1994

*Die* FAZ *oder die* Welt *und alles, was in dem Spektrum so liegen mag, gelten ja weiß Gott nicht als »Linke Kampfpresse«.*

*Wenn also die Brandenburger CDU heute diese Blätter aufschlägt, um sich konservative Streicheleinheiten abzuholen, wird's 'ne bittere Enttäuschung geben. Es hagelt Kritik, Hiebe, mindestens aber Unverständnis. Auffällig ist: Das, was an Brandenburgischer Harmonie einstens da war und als Brandenburgisches Modell im deutschen Osten, ja selbst im Westen mal was galt, nämlich die Diskussionskultur, die ist im Dutt. Was scheint dahinter auf? Die Farben Preußens: schwarz und weiß. Das wird ja wohl ein milder Moderator, und also guten Morgen, Manfred Stolpe, wie Sie, dann auch nicht mehr kippen können?*

Ja, guten Morgen, Herr Bertram. Das, was Sie eben kommentiert haben, ist leider wahr. In den letzten Wochen hat für die Brandenburgerinnen und Brandenburger das Parlament hier, und vielleicht auch wir alle miteinander in der politischen Verantwortung, kein überzeugendes Bild von parlamentarischer Demokratie geboten. Das ist sehr ernst. Insofern muß beim Nachdenken am Morgen danach, glaube ich, an allererster Stelle die Erinnerung daran stehen, daß diejenigen, die ja vom Volk gewählt sind, auch dem Volk gegenüber verantwortlich sind. Zuallererst haben sie ihre Pflichten zu erfüllen und zuzusehen, was hier in den verbleibenden Monaten, und dazu sind wir hier alle verurteilt, Vernünftiges vorangebracht werden kann. Was die Leute sicher nicht mehr ertragen können und allen Politikern gegenüber dann wahrscheinlich mit Wahlenthaltung oder sehr extremen Ausschlägen nach ganz links oder ganz rechts beantworten würden, ist, wenn das nun so weitergehen würde mit diesen mehr oder weniger gelingenden Versuchen, sich da gegenseitig vorzuführen und zu zeigen, daß man natürlich absolut recht habe und alle anderen blöd und böse sind. Das geht so nicht. Wir müssen jetzt miteinander herausfinden: Was schaffen wir? Wo sind andere bereit, mit uns zusammenzuarbeiten? Deshalb habe ich gestern auch schon gesagt: Ich gehe jetzt unverzüglich, das heißt im Klartext nächste Woche, auf alle anderen Fraktionen zu und sag' denen, was ich noch für wichtig halte: zum Beispiel eine Bauordnung, die etwas einfacher ist, zum Beispiel ein Gesetz über die Russenflächen und auch ein Wassergesetz, und frage: »Seid ihr bereit mitzumachen?«

Wir sind auch kompromißfähig und wollen hier keineswegs nur unseren politischen Dickkopf durchsetzen.

*Es ist ja alles gesagt. Die Argumente oder das, was jeder für solche hielt, sind ausgetauscht. Das Porzellan ist komplett zerdeppert. Der Tag danach ist ein ziemlich fader und ein ziemlich ernüchternder. Sind Sie überhaupt noch regierungsfähig? Können Sie auf das Parlament in irgendeiner Weise noch zählen? Das ist doch eine Hangelpartie bis zum September, die wird sehr schmerzlich.*

Herr Bertram, es wäre in der Tat einfacher gewesen. Eine Wahl, vorgezogen auf den 12. Juni, hätte schneller klarere Verhältnisse gebracht und eine Koalitionsregierung, die dann mit eindeutigen Mehrheiten arbeiten könnte. Das hätte uns diese Mühe erspart, zu der wir jetzt verurteilt sind. Da gibt's aber gar kein Entrinnen. Die Regierung ist arbeitsfähig in ihren einzelnen Ressorts. Das haben wir auch die ganzen letzten drei Wochen fröhlich tun können, aber die Regierung ist natürlich ans Parlament gebunden. Sie muß zusehen, daß sie bestimmte Gesetze durchbekommt. Sie muß sich auch der Parlamentarischen Kontrolle stellen. Es hilft kein Katzenjammer, der nach dem Debakel von gestern eintreten könnte. Das war kein Ruhmesblatt für die Demokratie in Brandenburg.

Wir haben ein Defizit von vier Stimmen im Parlament, und ich neige nicht dazu zu sagen: »Na, da woll'n wir doch mal gucken, wo wir die vier Leute herkriegen?« Aus dem

Bereich der Fraktionslosen zum Beispiel oder auch aus anderen Fraktionen. Ich möchte nun ganz bewußt auf alle zugehen und sagen: »Leute, wir sind alle dran, wir müssen in Angriff nehmen, was die Leute hier brauchen: Arbeit, Arbeit, Arbeit und natürlich auch Wohnen und innere Sicherheit.«

*Zum Schluß hätten Sie sich doch nichts vergeben. Hätten Sie nicht einfach die Vertrauensfrage stellen können, und Sie wären das Problem los gewesen?*

Herr Bertram, rechtlich völlig problemlos. Ich hätte, als das alles vorbei war, sagen können, ich stelle die Vertrauensfrage und hätte dabei das Ziel haben können, die Verfassung sieht das vor ...

*Da hätten die christlich Unionierten aber große Augen gemacht.*

Ja, da haben mich auch einige ängstlich angeguckt, als ich dann nach vorne ging zu meiner persönlichen Erklärung. Dies hat der große Kanzler Kohl schon mal gemacht, 1982 in Bonn, indem er damals die Vertrauensfrage stellte und mit seinen eigenen Leuten absprach, daß die sich der Stimme enthalten. Dadurch kam das Vertrauen nicht zustande. Das hätte man gestern auch manipulieren können, und dann hätte man fröhlich auf Neuwahlen zusegeln können. Ich halte das doch für einen gewissen Mißbrauch des Verfassungsrechtes. So ist das im Grunde nicht gedacht, und auch seinerzeit, als der Kanzler Kohl das gemacht hat, hat das Verfassungsgericht das gerügt. Wir sind jetzt, nachdem das Parlament selber sein Recht, sich vorzeitig aufzulösen, nicht wahrgenommen hat, dazu verurteilt weiterzuarbeiten.

*Nun mußte der Kanzler nicht mit 'nem Gauck-Gutachten rechnen. Unberufen, toi, toi, toi.*

Noch nicht, noch nicht, ja.

*Das liegt nun da. Die sagen, sie halten diese Belegungsliste der Stasi-Objekte für echt. Die Leier ist gedreht worden, alle, die es lesen durften, haben es gelesen, und jeder hat es politisch ganz so ausgedeutet, wie er es gerne hätte. Die einen sagen, jetzt seien sie in ihren Urteilen endgültig bestärkt, die anderen sagen, sie wüßten nun glatt nichts Neues. Die Beweiserhebung soll nun beendet werden. Der Bericht kommt, und der Bisky sagt, alle waren sich gestern abend einig: Das Rondo soll zu Ende gehen. Kommt noch mal was dicke?*

Herr Bertram, über einen Menschen, der dreißig Jahre lang den Auftrag hatte, die Kirche in Angelegenheiten gegenüber dem Staat DDR zu vertreten, Papiere rauszuziehen, das ist gar kein großes Kunststück, und niemand, niemand ist in der Lage, das alles im voraus schon darzustellen. Insofern bin ich in einer gewissen Defensivsituation. Das ist das, was die Leute immer als Salamitaktik bezeichnen. Die holen dann selber wie die Heckenschützen irgendwas raus und sagen: »Du Schurke, warum hast du das nicht vorher gesagt?« Da kann ich nur sagen: »Leute, bei einigem konnte ich gar nichts sagen, weil ich gar nicht dabei war, und bei anderem konnte ich mir auch gar nicht vorstellen, daß das so aufgeschrieben worden ist und da versucht wird, hinterher Kapital zu machen.« Ich werd' mich dem weiter gerne stellen, auch im Ausschuß. Zu dem, was da gestern vorgeführt worden ist, kann ich nur sagen, es geht um Belegungslisten. Unstreitig ist von mir jedenfalls, daß die wahrscheinlich echt sind. Ich hab' nie gesagt, daß das 'ne Fälschung ist. Streitig ist aber, ob das wirkliche Vollzugslisten sind oder Planlisten. Herr Gauck und seine Leute sagen – sie sind ja so was wie Gralshüter der Dienstvorschriften des Staatssicherheitsdienstes –, nach diesen Dienstvorschriften muß das eigentlich echt sein. Auch der sehr phantasiebegabte Offizier Roßberg behauptet das. Dagegen steht zum Beispiel, was die Frau Lewek sich notiert hat, sonst sehr zuverlässig. Dagegen stehen meine fünfunddreißig Notizbücher, dreiunddreißig habe ich hinterlegt …

*Gottes willen, die können wir ja heute früh nicht durchblättern.*

Eines will ich mal schnell noch sagen: Es steht in all den Papieren nicht ein Sterbenswörtchen von der Medaille drin. Es geht immer nur: Ist das der Tag oder nicht? Die Medaille ist sowieso an einem anderen Tag, an einem anderen Ort, von einer anderen Stelle überreicht worden. Also im Grunde ist das wirklich nur wieder der Versuch, Vorverurteilung zu machen.

*Wir sind in zwanzig Sekunden bei den Nachrichten.*

*Vielleicht bringen wir die letzte Frage in denen selbst noch unter. Meine klassische Ja-Nein-Frage.*

*Also: Sie bleiben auch nach dem Gutachten dabei, daß zum fraglichen Zeitpunkt an diesem Ort von Ihnen die Medaille nicht entgegengenommen worden ist. Ja oder nein?*

Ich bleibe dabei: An diesem Ort diese Medaille nicht.

# Beinharte Kriminalität

Manfred Kittlaus
Leiter der Zentralen Ermittlungsstelle
für Regierungs- und Vereinigungskriminalität
20. April 1994

*Es gibt Knatsch. Warum auch nicht, wenn man ihn dann zum Schluß konstruktiv umwerten kann. In unserem Falle bin ich mir nun gar nicht mehr so sicher. Es geht um die Zentrale Ermittlungsstelle für Regierungs- und Vereinigungskriminalität.*

*Manchem ist die eh zu untermaßig besetzt. Anderwärts halten die Genossen, die kriminell gewesen sind, sich auf den Datschen aber gern und gut den Bauch.*

*Aber, und also guten Morgen, Manfred Kittlaus, Leiter der in Rede stehenden Ermittlungsstelle, anstatt sich mit denen zu befassen, haben Sie mit sich zu tun?*

Guten Morgen. Ja, es ist so, daß die Zulage für die freiwilligen Beamten, die in Berlin arbeiten, die vom Bundeskriminalamt gekommen sind, gestrichen worden ist.

*Zulage ist – bitte ganz präzise was?*

Das ist eine Aufwandsentschädigung, die sie bekommen für ihre Arbeit in Berlin, da das Beamtenrecht ja keine Zwangsverpflichtung von Beamten zur Tätigkeit außerhalb ihres Heimatortes, ihres Dienstortes kennt. Wir müssen also einen Anreiz haben, um die Beamten zu werben, in Berlin diesen Dienst zu tun.

*Gut, jetzt rücke ich mal 'ne Klammer ein. Das kann man unbillig finden, wie zum Beispiel ich und viele andere. Daß also das Beamtenrecht nicht vorschreibt, daß ein Staatsdiener auch von A nach B gehen muß. Der Staat versorgt ihn erstens opulent und zweitens im Alter. Man kann es beklagen, aber es steht im Moment nicht im Beamtenrecht drin.*

So ist es. Da ich Beamte nicht zwingen kann, da die Personalräte davorstehen, die Gewerkschaften davorstehen, muß ich sie werben, muß ich also irgendwo einen Anreiz haben. Das ist in unserer Gesellschaft nun mal auch eine gewisse Summe Geld.

*Gut, also ich bin nicht der Freund von Werner Hagedorn. Das weiß der, und das wissen die Hörer. Aber in diesem ganz speziellen Falle, da bleiben Dinge liegen. Das heißt, Ihre Jungs haben nicht gerade das, was man einen enormen Motivationsschub nennt, wenn sie weiter beschnitten werden.*

Das muß man so sehen: Bis jetzt hatten wir ja nur etwa siebzig Prozent. Sie wechseln nach anderthalb Jahren. Länger als anderthalb bis zwei Jahre bleibt kaum einer von zu Hause weg. Wir können auch keine neuen werben. Die Berliner Polizei kann es alleine nicht leisten, weil sie auf die Kriminalität in Berlin ausgerichtet und berechnet ist. Wir müssen aus der Deutschen Bundesrepublik rundum zusätzliche Beamte werben.

*So! Schlecht ist, wer was Böses denkt – und ich bin schlecht. Gibt es interessierte Leute, die schlicht und ergreifend nicht wollen, daß Ihre Arbeit von der Stelle kommt?*

Also diese Leute gibt es zuhauf. Aber ich glaube nicht, daß die Einfluß haben auf die Zahlung der Aufwandsentschädigung.

*Da sind Sie auch ganz sicher?*

Ganz sicher kann man im menschlichen Leben nie sein, und ein Kriminalbeamter wird nie ganz sicher sein, aber ich hab' keine Anhaltspunkte. Es spricht auch nichts dafür.

*In Zeiten leerer Kriegskassen sind einfach die Taschen zugeknöpft, jeder sieht zu, wo er bleibt.*

Genau das ist der Punkt. Jedem ist das Hemd näher als der Rock.

*Wie denn nun weiter? Bei Ihnen macht ja Spott die Runde. Sie haben zwei Ermittler aus Brandenburg, da sagen die Kollegen, die können wenigstens nach Hause fahren.*

Das ist richtig. Die Brandenburger haben sich nach Berlin beworben. Die leben im Umkreis von Berlin. Es ist sowieso eine Ungerechtigkeit, daß die Beamten aus den fünf neuen Ländern bisher keine Zulage bekommen haben. Wir haben darum gekämpft, aber das ist eben nicht möglich. Beamtenrecht ist ein ganz schwerfälliges Geschäft.

*Wir stellen das fest, es hält uns nur auf, wenn wir es bemäkeln. Es gibt Beamte erster und zweiter Klasse.*

Richtig, so ist es. Das ist sehr bedauerlich und war von Anfang an ein schwerer Fehler. Auch in der Konstruktion dieser Dienststelle.

*So, jetzt haben Sie Post verschickt. An wen?*

Die Beamten haben einen Brief geschickt. Ja, ich glaube an den Bundeskanzler, an den Innenminister, an die Gewerkschaften, auch an Abgeordnete. Ich hoffe, daß es in der politischen Diskussion zu etwas führen wird, denn ich meine, die Aufarbeitung der kriminellen Vergangenheit – es geht hier wirklich um eine große Zahl von Straftaten – darf nicht scheitern an relativ geringen Summen, die für eine Aufwandsentschädigung gezahlt werden.

Bitte – ich hänge gar nicht an dem Begriff Aufwandsentschädigung. Man kann es auch anders konstruieren. Es gab mal eine Zulage für Beamte, die in Zirndorf zur schnelleren Bearbeitung des Asylproblems gebraucht wurden. Man kann eine solche Lösung finden. Ich hoffe, es wird im politischen Geschäft jetzt eine Diskussion einsetzen.

*Hat das nicht möglicherweise auch damit zu tun, daß die Diskussion in der deutschen Öffentlichkeit sich von diesem Kern- und Knack-Problem, nämlich den beinharten, kriminellen Machenschaften, richtig weggedreht und wegentwickelt hat?*

Sie bringen es genau auf den Punkt. Es wird über IM-Verstrickungen diskutiert, »ja« oder »nein« und »wie weit gehend«, und so weiter. Es wird nicht diskutiert über wirklich – wie Sie sagen – beinharte Kriminalität. Es geht hier um Totschlagsfälle, um Mordfälle, es geht um Justizunrecht, das wir nicht liegenlassen dürfen. Es geht um Vereinigungskriminalität, um die Aushöhlung von ehemaligen Staatsbetrieben bei der Überführung in Privatvermögen. Es geht also auch um Geld. Es geht hier nicht um Ausgrenzung ostdeutscher Bürger, sondern es geht um Sühne, um Aufklärung staatlich verantwortlichen Unrechts.

*Das müssen wir schnell noch, Verehrtester, klarstellen. Sie befassen sich nicht mit Peanuts. Also beispielsweise wenn die Justizminister sich darüber unterhalten, ob denn knapp vor dem Verfallsdatum, am 3. Oktober, noch justitiabel sein soll, ob jemand 'nen Brief aufgemacht hat oder nicht – nein, bei Ihnen geht es um völlig andere Dinge.*

Diese aufgemachten Briefe, die müssen wir nach der Straf- und Prozeßordnung auch bearbeiten. Aber da hat ja inzwischen der Bundesgerichtshof entschieden, das wird nicht mehr bearbeitet. Nein, nein. Es geht hier um wirklich massive Kriminalität. Massive Kriminalität gegen Verletzung von Persönlichkeitsrechten und Menschenrechten und massive Kriminalität im wirtschaftlichen Bereich, mit viel Schaden für die Volkswirtschaft.

*Und mit viel Schlamm drumrum, und jetzt wieder die Abteilung »Schlecht und Böse« – also ich – daß jemand noch mit drinsteckt, der nicht will, daß er drinsteckt?*

Ja, man kann das Gefühl ... Ich habe früher diese Aussage immer klar verneint. Ich kann das Gefühl nicht mehr ganz loswerden.

# Nicht der Schnellste, aber vielleicht der Solideste

Kurt Böwe
Schauspieler
28. April 1994

*Als Mann dem Gemeinsinn verpflichtet, gratuliere ich allen, die heute Geburtstag haben, um umgehend aus ihren Reihen den Einen herauszunehmen und hervorzutun. Er ist ein Sohn der Mark geblieben, der Prignitz in Sonderheit. Immer Bauer. Asthmatiker. Sehen Sie klarer? Knotiger Typ. Dilettant, sagt er selber. Der Mime wird heute 65 Jahre alt. Herzlichen Glückwunsch, Kurt Böwe.*

Und herzlichen Dank, Herr Bertram.

*Ich höre, es geht Ihnen nicht besonders gut?*

Es ist wohl die Wahrheit, aber ich bemühe mich um Besserung. Ich gehe gleich wieder zum Krankenhaus. Dort wird man mir sagen, daß es hoffentlich immer und immer besser geht. Wie die Ärzte eben sagen.

*Ihnen ist deutlich, daß Sie für die Märker und alle anderen aber noch schlappe dreißig Jahre auf dem Bühnengeviert für uns bleiben müssen?*

Das wäre ein bissel zu viel. Aber so ein paar Jahre, zwei oder drei, würde ich gern noch mitmachen. In der Zeit, wo es dringlich notwendig ist, braucht unser Deutsches Theater wohl jeden Mann.

*Ich setze dazu: Unser geliebtes Deutsches Theater.*

Ich danke Ihnen!

*Die Hommage, die jetzt überall durchgereicht wird, sagt: Wenn er was war, war er Boll.*

*Waren Sie Boll?*

Ich war ganz sicher Boll. Und nicht nur der. Aber da war so was Inkarnatives. Ich habe gemerkt, daß da ein Dichter etwas geschrieben hat, was mit mir innigst zu tun hat.

*Ich fang' mal ganz vorn an: Zunächst schlagen Sie ja mal all denen ins Gesicht, die sagen, daß aus den Bauerntrotteln der Prignitz nie was wird.*

Das mag schon sein. Aber es gibt ja Ausnahmen.

*Aber kann es daran liegen, daß Sie zum Schluß wirklich Bauer geblieben sind? Sie waren ja nie ein verblasener Heini.*

Nee, das war ich nie. Das konnte ich auch gar nicht werden. Ich glaube, ich habe sehr starke Wurzeln, die will und kann ich nicht ablegen. Wenn ich die nicht habe, woher soll ich dann mich selbst nähren? Das ist ja so. Und wenn ich mich verleugnen soll – in welcher Sache auch immer –, dann bin ich da oben nichts mehr nütze.

*Die Bewohner des Konsums haben Sie ja, verdammt noch mal, viele Jahrzehnte geliebt. Sie haben Sie nicht um den Preis geliebt, daß Sie den Genossen jemals allzu dicht in den Pelz gekrochen wären. Sie waren immer der, der Sie sind – Boll.*

So ist es. Ich glaube, daß es schon wichtig ist. Da gibt es die Erscheinung, da sagt man, der ist der, und da gibt es hoffentlich noch etwas anderes, was der wirklich ist, und das muß ja nicht unbedingt jedem auf die Nase gebunden werden. Das behält man füglich für sich selber.

*Mit fünfundsechzig guckt man ja das erste Mal hinter sich. Hoffentlich nicht allzu oft.*

*Hätten Sie sich jemals träumen lassen, daß Sie mal einen Kommissar spielen?*

Nee, nee, das hätte ich mir eigentlich nicht vorgestellt. Nur, ich hab' mir gedacht, wenn man mir so was anbietet, dann will ich darin einen Sinn sehen, und ich sehe ihn einfach darin, daß ich nicht mehr der aus dem Polizeiruf 110 bin, sondern einer, der jetzt wirkt.

*Sind Sie die ostdeutsche Antwort auf Schimanski?*

Nein, ganz sicher nicht. Das soll überhaupt gar nicht sein. Ich rede wieder von mir, von meinen Verhältnissen, unter denen ich gelebt habe, die in mir sind, die mich nicht loslassen, und diese Figur wird davon auch ganz sicher gespeist. Auch mit ein wenig Wehmut, ja.

*Das eine sind die Wurzeln in der Prignitz. Wie kommt's, daß einer wie Sie sich das innere Zentrum hat bewahren können, daß einer ein Kerl geblieben ist? Reihenweise sind sie gefallen im Osten, was den Charakter angeht ...*

Ich will nicht sagen, daß ich irgendwelchen heldischen Geblüts sei, aber irgendwo hat mich ganz sicher diese kräftige Dosis Land und diese Einfachheit – mit der man da ja aufwächst, die in einem wuchert, die man nicht los wird, auch eine gewisse Sturheit, eine gewisse Langsamkeit – geprägt. Wie sagt Barlach: »Hier im Norden läßt die Natur sich Zeit.« Das trifft voll auf mich zu. Nicht immer der Schnellste, aber vielleicht der Solideste und dann auch der, der vielleicht mal ein paar Gedanken verwendet. Das habe ich mein Leben lang getan, gottlob. Ich habe auf der Universität meinen Kopf trainiert und nicht die Schauspielerei studiert. Ich glaube, das ist mir gut bekommen.

*Wie ist Ihnen denn so ums Herz – einer, der wie Sie nicht an sich denkt, sondern eher an die anderen –, wenn Sie sich die Mark anschauen? Ist Ihnen um Brandenburg bange?*

Ja, es ist mir schon sehr bange. Wissen sie, wir waren keine sehr reichen Bauern. Was ich als ungemein gerecht erachtet habe, das war die Bodenreform. Ich möchte nicht, daß die vollkommen rückgängig gemacht wird und die Leute wieder zurückkehren, denen das Land, wie ich meine, völlig zu Recht abgenommen worden ist. Ich sehe, daß meine Bauern dort dahindümpeln, daß es ihnen nicht sehr gut geht, daß sie sich freilich, weil sie genug Bauer in sich haben, wehren, aber es sieht eben nicht sehr gut aus. Ich bin ja mit den Nachbarn verbunden. Ich laufe da ja nicht wie ein Heiliger herum, sondern ich bin ein Teil von ihnen und höre und sehe alles. Und das macht mich doch sehr traurig.

*Würden Sie gerne mal mit so 'nem jungen Wilden arbeiten, zum Beispiel mit Castorf?*

Nein. Wissen Sie, ich ehre diesen Mann sehr, und ich finde, er ist von größtem Nutzen für unsere theatralische Landschaft. Und auch in der Verarbeitung dessen, was uns so umgibt. Nur, ich bin vielleicht schon zu alt. Ich komme auch aus einer anderen theatralischen Konvention. Ich bin dem Deutschen Theater verhaftet, dessen Realismus, und das andere ist grundweg für mich etwas zu anstrengend, Herr Bertram.

*Wie ist es denn mit Leuten wie Tankred Dorst? Das ist schwierig. Damit konnte unsere Kritik vergleichsweise wenig anfangen.*

Ah ja, das verstehe ich schon. Mir ging das anfänglich genauso. Als ich dieses Werkchen – wir wollen es doch bitte nicht überschätzen – sah, hab' ich mich natürlich gefangen nehmen lassen von dieser Figur Paul. Und dann habe ich das, wie sich das gehört, weil der Paul mir sehr nahe kam, in die Ecke geworfen und bin auf ihm rumgetrampelt. Als es auf mich zukam, habe ich mich schon sehr damit gequält, mit der Figur, mit dem Stück, auch mit dem Regisseur, der aus Stuttgart kommt.

Wir müssen schon aufeinander zugehen, wir müssen schon aufeinander hören. Es war doch ganz schön in seiner Symbiose. Ich glaube, daß dieses Stück ja von Herrn Dorst wirklich geschrieben ist mit einem Blinzeln auf unser verlorenes Land. Und da ich fraglos ein Vertreter bin, und wenn ich dort oben stehe und diesen Text sozusagen schweigend und spröde an mir vorbeigehen lasse, kommt schon etwas herüber, was ich meine und nicht genau sage. Diese Figur ist mir sehr ans Herz gewachsen, und ich bin sehr dankbar, daß sie kurz vor meinem 65. sozusagen in meine Seele gekommen ist.

# Fragen an den »Frühstücksdirektor«

von Hannes Bahrmann

*Er zählt zum Erbe des DDR-Jugendfunks DT64, wo er im Schallarchiv begann und später Musikerporträts verfaßte. Sein Talent als politischer Reporter konnte er erst bei der privaten Rundfunk-Nachrichtenagentur RUFA ausprobieren. Zur Hochform läuft er auf, seit er im Januar 1992 begann, die Hörerschaft in Berlin und Brandenburg mit dem werktäglichen »Auftakt« zu unterhalten – vier Stunden am Stück von morgens sechs bis zehn Uhr. Guten Abend, Lutz Bertram, wie wird einer wie Sie eigentlich Frühstücksdirektor?*

Das ist ein langer Weg. Es war naturgewollte Begabung. Es gibt jede Menge Bemühte und auch eine ganze Reihe Begabte. Aber die wirklich Guten haben es in die Wiege gelegt bekommen. Im Rock 'n' Roll geht die Geschichte folgendermaßen: Ich hab das Radio angemacht, Elvis gehört und wußte, ich werde Musiker. Ich habe als Kind am Radioknopf gedreht und ins Nirwana gelauscht ...

*... und wen haben Sie da gehört?*

Ich habe bevorzugt auf Kurzwelle nicht deutbare Geräusche gehört, dieses Piep-piep-piep und das prasselnde Krachen.

*Sie kommen mit einem Rüstzeug zum Hörer, das im Äther vergleichsweise selten anzutreffen ist: Sie pflegen ein antiquiertes Deutsch, bei Ihnen meint man, den lebendigen Fontane herauszuhören: Masche oder Absicht?*

Ich rede so. Ich habe doch frühmorgens einen gewissen Vorrat an Zeit, den ich optimal zu nutzen gedenke: unterhaltend, belesend, bekehrend, missionierend. Und diese Melange – wenn ich das hinzufügen darf, Verehrter – ist nicht nur Fontane, sondern auch Thomas Mann, wird gemixt mit einem gehörigen Schuß Underground, resultierend aus meiner Zeit beim Jugendsender DT64, da ist ein gerüttelt Maß an Jugendsprache zurückgeblieben. Es ist meine bodenlose Liebe zur deutschen Zunge. Ich bin vernarrt in diese Sprache, ich spreche sie aus Verehrung vor der deutschen Kultur. Und das sage ich ohne vaterländischen Qualm – ich liebe diese Sprache und möchte, daß sie auch im Radio vorkommt.

*Neben den fein gesetzten Worten fällt dem Hörer eine weitere Merkwürdigkeit auf, nämlich Ihre – pardon, ich muß es einfach so sagen – krächzende Stimme. Wissen Sie eigentlich, daß Sie damit viele Hörer verschrecken ?*

Ja, ich träume des Nachts zuweilen schon von diesem »warmen Timbre«. Ich hab' auch schon mal eine Ferndiagnose von einem veritablen Doktor gestellt bekommen – ich hätte einen ungesunden Zahn. Er versprach mir einen wunderschönen Schmelz in der Stimme – vorausgesetzt, er zöge mir den Zahn.

*Sie haben ihn offensichtlich daran gehindert ?*

Natürlich. Zumal meine Halsärztin mir gesagt hat, daß dies totaler Blödsinn sei.

*Hört man Ihnen über die Zeit zu – und ich unterziehe mich dem morgendlichen Ritual mit einer gewissen Hingabe –, so darf man getrost konstatieren, daß Sie keck zu Werke gehen. Woher kommt diese so selten anzutreffende Unbefangenheit, von der manche auch behaupten, Sie seien einfach rotzfrech?*

Ich denke mal, daß ich mir nichts verschenken sollte. Das Traurigste, was einem passieren könnte, ist, wenn man hinterher kleinmütig auf der Hintertreppe der Weltgeschichte – oder auch im Vorzimmer – sich fragen muß: Warum hast du dich das nicht getraut? Im Lichte der Öffentlichkeit soll es passieren! Im übrigen ist es ein Trugschluß, der bei vielen vorherrscht, daß diese Art etwa auf nachdrücklichen Protest der Befragten stößt. Das kommt nur selten vor. Viele von denen fühlen sich eher mißhandelt von lauen Leuten. Es gibt Menschen, die diese Art von »Feindberührung« frühmorgens inzwischen regelrecht suchen.

*Insbesondere Ihr Freund, der CSU-Generalsekretär Erwin Huber?*

Der von der CDU auch. Deshalb hat mich das so geärgert, daß eine Zeitschrift in einem nicht sonderlich solide gearbeiteten Beitrag geschrieben hat, Peter Hintze hätte mal wütend das Telefon aufgelegt. Niemals! Ich kenne keinen, der so tollkühn und so tapfer immer wieder in die Feuerlinie tritt. Ich weiß nicht, ob das die Berufung der Geistlichkeit ist, die ihm ja innewohnt, aber er hat sich noch nie vor einem Gespräch gedrückt. Auch dann nicht, wenn ihm die Dinge unangenehm waren. Und er geht ja für sich selber davon aus, daß er hier beim Ostdeutschen Rundfunk nicht unbedingt ein Heimspiel hat. Und tut es gleichwohl, mittlerweile mit einem hohen Unterhaltungswert. Das ist hochanerkennenswert.

*Dieser ritterliche Respekt spricht auch dafür, daß Sie ein Verständnis von Politik haben, das hörbar vom gängigen Ost-West- oder Rechts-Links-Schemata abweicht ...*

... stimmt, kann ich nicht ausstehen ...

*... wo darf der Hörer Ihren Standort vermuten?*

Überall. Weil ich frühmorgens natürlich mich selber dazu anhalte, eine gegensätzliche Position zu meinem Gesprächspartner einzunehmen. Sonst könnte ich ihn nicht befragen. Ich denke mich beispielsweise beim SPD-Generalsekretär Günther Verheugen sofort in ein Fragemuster der Regierung oder bei Theo Waigel in das des Landwirtschaftsministers von Brandenburg. Das ist auch notwendig, um in der Sache die Tiefenbohrung ansetzen zu können. Ich drehe die Leute natürlich nicht zum Quieken der Audienz am Grill – ich bin doch kein Kindermißhandlungsheim.

*Fühlen Sie sich manchmal als der radiophone Robin Hood, als der Rächer der Witwen, Waisen und Enterbten in Neu-Fünf-Land?*

Überhaupt nicht. In derselben Sekunde, in der die Leute eine solche Erwartungshaltung auf mich projizieren, drehe ich sie sofort um. In einem Gespräch mit Theo Waigel sind solche Erwartungshaltungen aufgekommen – nach dem Motto: Da kömmt er und macht den Buschigen kurz. Ich hab' exakt das Gegenteil von dem getan. Es wäre auch nur die 1001. Konfrontation geworden, und die Reaktionsmuster von Waigel sind ja auch bekannt. Es hätte uns also um kein Gran schlauer gemacht ...

*... und um den Spaß gebracht ...*

Aber sicher. Ich habe damit ein Vorurteil einkassiert.

Dieser Junge ist nämlich irrsinnig schnell, hat einen wahnsinnigen Humor, eine Geisteshaltung, die nachgerade zur Anarchie neigt – was man nicht unbedingt vermutet hätte –, und er ist für einen Politiker verdammt ehrlich. Ein richtig interessanter Gesprächspartner also, der sich öffnet, wenn man ihm die Chance dazu gibt. Und ich hatte nicht vor, mit ihm einen ideologischen Grabenkrieg zu veranstalten, weil mir das zum Halse raushängt – bis auf den heutigen Tag. Am Schluß hatten alle was davon. Er auch. Als er konfrontiert wurde mit der Frage, was er wohl getan hätte, wenn ihn der Zufall der Geburt in den Osten gestellt hätte, verließ er das Studio in grüblerischer Stimmung

*Haben Sie einen »inneren Auftrag«, an dem Sie sich im Dienst des Hörers abarbeiten?*

Ja. Das, was wir machen, existiert nämlich in der übrigen Hörfunklandschaft so nicht. Das kann ich in aller Unschuld und Unbescheidenheit sagen. Aber ich bin den Kollegen der anderen Stationen auch dankbar, denn die hinterlassen mir den Hörer »grundversorgt«. Ich muß mich hingegen noch um die paar Verrückten kümmern, die sich frühmorgens der Behandlung unterziehen, die bis hart an den Rand der Mißhandlung geht.

*Was bedeutet Ihnen diese Arbeit?*

Droge, Abhängigkeit, ich kann mir ein Leben ohne Arbeit gar nicht vorstellen. Ich sage dies ohne parfümiertes soziales Pathos: Mein Herz stockt bei dem Gedanken, daß Menschen keine Arbeit haben. Unausdenkbar, wie Menschen aus einem zentralen Teil ihres Leben rausgedrückt werden. Ich arbeite wie besessen, und die mit mir arbeiten, tun dies auch. Ich bin wie von der Tarantel gestochen. Ich weiß natürlich nicht, wie lang das geht.

*Es besticht beim Zuhören Ihre Präsenz, Ihre Detailkenntnis. Neben Herz und Schnauze sind Sie allmorgendlich auch bestens präpariert, und das gleichwohl bei einem Dutzend Themen unterschiedlichster Art. Wie bereiten Sie sich vor?*

Ich gehe – in einem hoffentlich vorhandenen Gerechtigkeitsanspruch – davon aus, daß derjenige, mit dem ich morgens spreche, vorderhand ein sittliches Recht darauf hat, daß ich lückenlos und gut unterrichtet bin. Die schlimmste journalistische Untugend ist es, Leute zu bepöbeln – und das gibt es haufenweise – und dabei nicht zu wissen, worüber man redet. Das ist eine Art populistischer Schikane, die in meinen professionellen Anstandskanon nicht hineinpaßt. Ich bin es dem anderen schuldig, es so zu machen. Hinzu kommt eine krankhafte Neugierde. Ich bin ein stofflicher Allesfresser. Sicher gibt es Themen, die mag ich mehr, und welche, die mag ich weniger ...

*... welche?*

Da erwischen Sie mich auf dem falschen Fuß. Aus 2 000 Gesprächen in der »Frühstückiade« jetzt herauszufinden ...

*Na gut, welches Stück war denn das schwerste?*

Das Gespräch mit Karl-Eduard von Schnitzler.

*Warum?*

Weil meine innere Anteilnahme zu groß war. Es kostete wahnsinnige Kraft, die innere Distanz herzustellen und nicht auszubrechen und zu rufen: Du Misthund! Zunächst sagte mir meine innere Stimme, es ist ein Yesterday-Man, laß es sein. Aber als ich genauer in mich hineingehört habe, merkte ich, daß ich mich davor drücken wollte. Das hat mich einen Liter Schweiß gekostet. Dieser Mann hat für mich hohen Rang für das, was journalistisch in der DDR passiert ist. Er ist ein abgefeimter Demagoge von der angstmachenden Sorte.

*Dem Unkundigen sei es gesagt, Sie sind seit Ihrer Jugend blind. Wie im alltäglichen Leben sind Sie auch bei Ihrem radiophonen Tun auf Hilfe angewiesen. Wer hilft Ihnen?*

Das sind eine ganze Menge. Mit meiner Frau bilde ich ein Tandem. Ohne sie wäre das alles nicht zu machen. Das geht nur, weil sie auch so arbeitet wie ich. Sie bereitet – neben drei weiteren Redakteuren, die wochenweise wechseln – das Programm vor. Das öffnet zum einen viele Tore, das macht die Arbeit bei Pressestellen in Ministerien und anderswo leichter. Sie meldet sich einfach, und die wissen dann sofort: Das Grauen hat einen Namen!

*Was fangen eigentlich die vorgegebenen Strukturen einer öffentlich-rechtlichen Landesrundfunkanstalt mit einem solchen Exemplar wie Ihnen an – nach der vorherrschenden Auffassung müßte eine so freche Schnauze eigentlich schon längst gefeuert sein. Warum, glauben Sie, ist das bislang unterblieben?*

Das hat zum einen zu tun mit der Gnade der späten Geburt des Ostdeutschen Rundfunks Brandenburg. Die Strukturen waren nicht ausgehärtet, als wir ankamen. Andernorts wäre so etwas sonst nicht möglich. Ich wäre ja so etwas wie ein Normenbrecher.

*Ist der Ostdeutsche Rundfunk Brandenburg – der gerade auf seine Jugendwelle "Fritz!" ja noch ein ganzes Schock schräger Vögel funken läßt – die berühmte Ausnahme?*

Das kann ich nicht erschöpfend beantworten. Soweit es das Sendegebiet betrifft, würde ich sagen – ja. Der Intendant kommt aus dem Programm, und er hat die »Frühstückiade« auch gegen die Belegschaft durchgesetzt. Der Intendant war eben klüger als die Belegschaft.

*Sie sind außerordentlich erfolgreich – in der Branche wird so etwas nicht selten mit Neid quittiert: Wie reagiert Ihre Umwelt auf Ihre Arbeit?*

Es wird mir immer wieder gesagt, es wird gemutmaßt, daß es so ist – und es wäre im übrigen verwunderlich, wäre es nicht so. Ich bekomme das nicht mit. Ich habe keine Zeit, ich bemerke es nicht. Hinzu kommt, daß Tapferkeit nicht unbedingt zu den Tugenden der Neider gehört. Ich selber bringe den Tag mit Arbeit hin. Ich habe für die Kantine und das intrigante Fach gar keine Zeit. Vielleicht sollte ich sie mir mal wieder nehmen, denn es macht ja auch Spaß, am Kaffeetisch zu kokeln.

*Was tut einer, der vor Tau und Tag aufgestanden ist, um sich zu dieser nachtschlafenden Zeit in Top-Form zu bringen – reicht der Adrenalinschub noch, oder ist auch Routine zu konstatieren ?*

Routine? Ich hoffe nicht. Im übrigen – ich lasse mir dafür die Hand abhacken – die Leute würden das hören. Das merkt man. Ich würde es ja bei einem anderen auch merken, umgehend. Diese Arbeit ist für mich wie ein Geschenk: Ich sitze in meinem Kasten, und die Sinn- und Meinungsträger der Welt und der deutschen Öffentlichkeit wandern wie in einem Panoptikum frühmorgens an mir vorbei. Wer bitte kann das von sich sagen! Ich habe eine Frage, dann machen sich meine Wühlmäuse an die Arbeit, und am nächsten Tag bekomme ich eine Antwort.

*In der Tat: Eine privilegierte Stellung ...*

... die ich mit meinen Millionen Hörern gern teile.

*Was macht der »Frühstücksdirektor« nach Tisch – hauen Sie sich aufs Ohr, oder wobei können Sie entspannen?*

Ganz selten haue ich mich aufs Ohr. Eigentlich arbeite ich sofort weiter, sonst würde ich mein Pensum gar nicht schaffen. Zunächst beschäftige ich mich mit der Lektüre der Primär-Presse – alles, was ich an Tageszeitungen kriege. Dann vertiefe ich es durch die Wochenblätter, dann nehme ich ein gutes Buch zur Hand, nebenbei laufen das Radio und der Fernseher. Vormittags bringe ich eine Stunde mit der Börse zu. Dann – weil es sich medial günstig ergibt – mache ich zwischen halb zwei und halb drei eine Menge Wirtschaftssachen. Wenn mir dann noch etwas Puste bleibt, lese ich noch Bücher.

*Und wann geht's ultimativ ins Bett?*

Das kommt drauf an. Wenn der Vorrat noch reicht, gehe ich auch noch abends ins Theater. Aber das ist eher die Ausnahme. Fortgesetzt werden routierend Nachrichten gehört, immerzu, wie auch das Telefon klingelt – immerzu. Sie müssen den Streß der vier Stunden um weitere elf am Tag verlängern, sonst geht so etwas nicht. Dazu kommt, daß man für alles und jeden Zeit haben muß. Es ist nämlich sehr schwer verständlich zu machen, warum Sie ein Forum in der Universität nicht wahrnehmen können, die Gesprächsleitung heute nicht leiten möchten, am Wochenende auf einem bunten Markt nicht in jedem Fall zur Verfügung stehen.

*Und wo stehen Sie zur Verfügung?*

Ich muß auch leider wichtige Sachen ablehnen. Oder auch verrückte Angebote. So die Offerte, in einem Spielfilm mitzuwirken. Jetzt habe ich ein Angebot bekommen von Dokumentarfilmern, die einen Film drehen wollten zum Thema: »Wie entdeckt der Blinde Afrika«. Manches nehme ich an, wenn zum Beispiel Herbert Schirmer zu einer Versteigerung für das Friedensdorf einlädt.

*Soll es mit dem »Auftakt« so weitergehen, oder könnten Sie sich anderes vorstellen? Bekommt so einer wie Sie eigentlich lukrative Angebote?*

Ich habe meine Zweifel, ob das irgendwo anders zur Stunde machbar wäre. Zumindest im Hörfunk. Beim

Fernsehen sieht das anders aus. Ich glaube auch nicht, daß an mir anderswo so recht Bedarf besteht. Ich weiß, daß ich immer dann, wenn die Leuchttürme des deutschen Hörfunks am grünen Tisch zusammenkommen, im Gespräch bin. Doch sobald das ernsthafte Formen annimmt, dann weicht der Wunsch dem Schrecken.